定力

正念投资，正念人生

杨峻 著

格致出版社　　上海人民出版社

序一

2024 年 12 月 6 日，联合国大会通过提案，将每年的 12 月 21 日定为"世界冥想日"（World Meditation Day）。隔日，Michael（我更喜欢用英文名称呼杨峻先生）给我留言，说他的新书《定力：正念投资，正念人生》初稿已完成，希望我可以写个序。

这两份美好接踵而至，给彼时即将结束的 2024 增添了一份欣喜的余味。

- **一位虽迟但到的学员**

认识 Michael 的时间不算很长，待新书出版时，应有一年。正念总能让相逢不期而遇，每一次遇见也都是生命给予的礼物。

2024 年 3 月的某个傍晚，腾讯公司的一位正念项目负责人联系到我，提及有一位对正念抱有很高热情的学员想申请进入正念减压师资培训课程。而此时，我们当年度的培训课程已开始。原则上，我们会建议学员等待下一期培训开班。

这一次却例外了。这位学员再度辗转表达了他的积极与热忱，这股强大的愿力，让我们项目中心讨论决定破例接受申请。这也让我对这位跨洋彼岸的坚持者，多了一份好奇与期待，随即安排了与他的视讯沟通。

我想，人们经常提及的"诚心正意"，其实就是感受当下对某一件事的热血涌动。这场交流一"见"如故，整整两个小时，从普通话到乡音（沪语）。

Michael 的谦和真诚、睿智进取，以及"因为自己的存在，让更多人变得美好"的利他初心，无一不让我感动。我为能有他这般的人热情拥抱正念，而感到欢喜。

有幸的是，我们没有遗落如此关心呵护正念的同学。而这位"迟到"的学员，更以深刻的见地与以恒的勤勉，快速成长为优秀的正念师资，并为正念领域创造出新的惊喜。

● 一场正念与金融的奔赴

有人说，一切之前的积累，都是为了之后从容地选择。这用来形容 Michael 再合适不过。

随着课程的推进，我们线上的互动逐渐频繁；特别高兴的是，我在 2024 年 11 月回国的差旅中，与 Michael 在线下有了更充分的交流。

一个更为立体的 Michael 随着他的侃侃而谈，得以生动展现。我也终于找到，正念之于他本人而言如此重要的缘由。

Michael 是一位不折不扣的金融大咖，尤其是在国内财富管理与资产管理领域，建树颇丰。他不仅是一家资产管理公司的董事长，更是一位跨界的专家、学者（他先后在银行、金融科技公司和互联网大厂有过任职）。

拥有这样背景的学员加入，为我们的师资培训增加了新鲜的视角。我相信，也正是正念，让他跨界融合的履历和丰富多彩的经验，有了沉淀和延续。正如我时常表达的，世间万物都能与正念相连，世间美好也都会有正念相伴。

见到 Michael 本人，我十分惊讶。

一是惊讶于他看起来比实际年龄要年轻很多。他有着一张 shining face，春光满面，喜笑颜开；但谈吐又见地深厚。一个人是如何做到既有深刻的思想，又有烂漫的神情？这样的一面成熟、一面天真，很是有趣。

同时，我也惊讶他正念学习的精进超乎想象。Michael 很擅长表达。表达和说话不同，它是语言、情绪、认知的传递。无论是对正念练习的感悟，还是对教学引导的斟词酌句，抑或引经据典的佐证等，Michael 都能有独到的见解，也总能看到被旁人忽视的细节。

我想，这不仅与他近半年的时间几乎读完了市面上所有与正念有关的书籍（多是英文原版）密不可分，也与他敏锐又深邃的天赋息息相关。他可太适合正念了！

而最惊讶的，莫过于这本书。我的专业与职业，都离金融很远。虽然身边有不少擅长资产管理的朋友，但当我听着"专业、情绪、理性、价值、长期……"这些词从 Michael 口中高频出现时，我不得不赞叹：能够把正念如此自然而又系统地带入金融和资产管理的，Michael 确是第一位。

正念的存在，是为了帮助人们抵达美好生活的，而适当匹配的财富，是美好生活中重要的支柱。它如同我们的身体与精神健康一样，有着复杂的体系，也需要专人来照看。

直到读完书稿，我为 Michael 对正念与投资的创造性结合而欣喜不已。对正念能在投资领域中起到的作用，我不仅豁然开朗，更是喜闻乐见！

后来，Michael 也在一次交流中，将写作这本书的初心与内容，与乔·卡巴金博士作了分享。卡老与我同样惊喜与期待，正念事业得以在更多专业领域延展，是对这位正念减压疗法创始人最好的致敬。

● 一次接近幸福的旅途

我有时会想，是什么念头，叫人们愿以细微恒定之力，对抗盛大冗长的一生？

答案，应该是我们对幸福的向往。让我们与岁月共饮冬，也与枯木共逢春。

得知 Michael 在创作这本书后，我与他亦有几次关于内容的探讨。我很喜欢书中提出的 MAGIC 模型，更欣慰正念（Mindfulness）可以成为这个模型的基石。

人世间诸多溢美之词，要挑选出简明利落又富有力量的词语，是需要推敲和斟酌的。我有幸在 MAGIC 模型问世前，提供了一些愚见；也借此序，把对 MAGIC 模型的喜爱和理解，化作几句对读者的祝福吧。

勇气的底色是慈悲。是不惧世间冷暖，不争长短高下，是不叹悲喜消磨，不被世俗融化。在生活的种种选择面前，我愿你拥有勇气，风火之林，如如不动。

生长的底色是自省。它并不一定是走向精神上的无敌，抑或躯干上的无畏，而是向有温度的地方依偎，向有光亮的地方伸展。在循而往复的四季中，我愿你安心生长，穿行而过，了了分明。

利他的底色是笃定。是浮光跃金，欲与他人同光而行，是用舍由时，行藏在我，风雪一程我们合掌前行。在沉浮不定的时光中，我愿你记得利他，以身合道，沐光而生。

意义的底色是自己。万念万想，不如一默，过去的种种无需恋怀，未来的诸诸不必推演，唯独当下的自己，是一条生生不息的河流。在喧嚣纷扰的岁月里，我愿你找到意义，你性空山，我知易难。

正念的底色，会是什么呢？我想请读者，伴着这本书，我们一起探寻，好吗？

投资幻幻，正念即在；

人生缓缓，答案会来。

童慧琦

斯坦福整合医学中心临床教授及正念项目主任

喜马拉雅大师课"童慧琦正念冥想"主播

美中心理治疗研究院创始人

序二

我与杨峻先生很投缘，能为他的新书写序，荣幸也欣喜。

认识杨峻是在中国平安，后来我们又先后到了腾讯任职。人生中两段重要的职业履历重合已属难得。更可贵的是，随着探讨交流变多，我发现我们在思考问题的逻辑、看待事物的态度上有很多共识。我与杨峻先生也从同事，成了朋友。

在金融机构的高管中，杨峻是一个独特的存在，很难找到第二位相仿的人，他的经历更难以被复制。我想，这与他的三个特质有关。

第一个特质，跨界融合。我们都是从一线锻炼起来的"金融老兵"，他在浦发深耕了 20 年，我在平安工作了 28 年。他在建立起牢固夯实的金融理论与实践后，开始不断地跨界，触类旁通。杨峻精彩的工作履历跨越了股份制银行、保险集团、大型互联网公司、资产管理公司，这样的跨界经历在业内已是凤毛麟角。勇于跨界的背后，是他始终对世界保有的好奇心与求知欲。跨界带来了许多有益的化学反应，使他具备更高的战略视野和打通全局的能力。

第二个特质，深度思考。杨峻主理的"木爷说"公众号是一个很好的印证。深度思考需要两个前提，知识量与认知力。在此基础上，对于行业的核心痛点、当下的时事热点、业务模式的迭代进化等，便可有的放矢地输出独到见解。

第三个特质，知行合一。杨峻是个"忧心"大事的人，这个世界对他是充满感召力的。但这并不妨碍他脚踏实地把事情做成。在银行领域钻研信贷业务的风险控制，在数字化财富管理领域深耕"KYC/KYP"体系，又在保险资管领域探索行业难题"利差损"的解法……他把认知落地成了一个个鲜活的"干货"。

我相信，这三个特质，与他这些年研习正念有着密不可分的关系，也是这本书问世的原因。读这本书，就像再一次了解杨峻。这本书跨界且融合，深刻且生动，理论且实操。

投资很像浓缩版的人生，要获取成功，不仅需要具备深厚的专业功力，还需要克服人性的弱点。巴菲特说过："要想在一生中获得投资的成功，并不需要顶级的智商、超凡的商业头脑或秘密的信息，而是需要一个稳妥的思考框架作为决策的基础，并且有能力管理好自己的情绪，使其不会对这种思考框架造成侵蚀。"杨峻也曾在不少场合说过这样一句话："投资是专业与人性的纠缠。"我亦有同感。

写投资专业的书很多，探讨人性的书也不少。而把两者糅合得恰到好处，又能深入浅出地把要害讲明白，这本书具有突破性意义的尝试。

药引子，是"正念"。在我看来，正念很好地诠释了"过往不恋，未来不迎，当下不杂"。安住当下，是投资智慧和人生幸福的前提。

从投资到人生，正念连接了这两个略显深奥且沉重的词汇。它作为 MAGIC 模型的根基，以一种似曾相识但又豁然开朗的方式，让读者更好地理解这个"神奇"的幸福模型。

利他、生长、意义、勇气，其实我们对这些美好的词汇并不陌生。但 MAGIC 模型的神奇之处，在于它让你懂得用正念的态度去看待这些词语，以及应该如何通过正念将它们运用到当下的每一个时刻中。

金融市场总是风起云涌，人生道路也很难一帆风顺。我们每天都忙着处理各种信息，分析可能的趋势，预测不确定的未来。但投资与人生一样，再先进的技术和复杂的模型，都无法完全掌控它的不确定性。投资与人生的魅力，正是因为这种不确定而展开的。

认知越深的人，脚步越重，容易走得艰辛。杨峻是喜欢坚持做难而正确的事的人。他的这本书，能帮助我们更好地在压力和挑战面前保持清醒的头脑，在贪婪和恐惧之间寻找内心的笃定，在短期的波动中看到长期的价值。

大象无形，大方无隅。《定力：正念投资，正念人生》是一把提供要领的钥匙。真正地领会和运用，还需要读者们在每一个当下中去感悟。

正如书中所说，让我们大家更好地做自己，从而成为更好的自己。

任汇川

腾讯集团高级顾问

平安集团原总经理

序三

　　纽约商品交易所原油期货历史上首次跌为负值，收报 –37.63 美元 / 桶；在短短十天内，美股接连发生四次熔断；煤炭板块虽然是看似不起眼的传统行业，却连续四年实现正收益，累计涨幅达到 93.19%；上证综指短短半年，从 2450 点上涨至 5178 点，涨幅超过一倍……一个个历历在目的资本市场暴跌、暴涨案例，在这本书中娓娓道来、抽丝剥茧，吸引着我一口气读完。

　　这些今天看似不可思议的极端案例，相信今后在资本市场还会不断上演。因为资本市场的参与者是人，而人的情绪波动亘古不变。能否管理好情绪，是职业投资者能否取得优秀业绩的关键变量，正如书中给出的公式"投资业绩 = 专业认知 × 情绪管理"所示。同样的市场环境，同样的专业背景，为何有人赚钱、有人亏钱，从公式中便可清晰发现，差异主要在情绪管理上，而正念恰是管理情绪的最好手段。

1979年，麻省理工学院的卡巴金博士结合西方科学与东方智慧，强调不加评判、保持耐心、专注当下等核心思想，开发了一系列正念训练课程。经科学实验研究分析，通过系统的训练，正念确实能够改变大脑中与情绪相关的区域组织，从而提升对情绪的掌控。正念中强调的不加评判，应用在投资决策上，就是要过滤掉情绪干扰，完全基于客观事实，让我们的决策更加理性。这一点，与国家所强调的"树立理性投资、价值投资、长期投资的理念"是相通的。

正念中强调的保持耐心，对保险资金这种长线资金的运用尤其重要，等待市场机会需要耐心，扛住市场压力需要耐心，抄底需要耐心，逃顶同样需要耐心。中国股市目前缺的就是耐心资本。在抄底和逃顶之间，逃顶对情绪管控要求更高，因为逃顶的高点可以无极限，抄底的低点却有下限。百年保险资管在2024年的行情中，运用正念投资进行了多次成功的战术操作。特别是10月初，当市场人声鼎沸时，团队冷静地实现了逆势减仓。

目前，百年保险资管已将正念投资融入公司的文化价值观，将公司使命更新为"专注正念投资，坚持价值创造"。公司上下，在各项投资决策前，都会进行"STOP检视"，真正实现每个投资决策都由理性、专业驱动，而不被情绪、杂音干扰。

投资是为了人生，而非"人生是为了投资"，人生追求的是幸福。为此，杨峻先生在卡巴金教授的正念理论基础上，独创性地开发了MAGIC幸福模型。在物质日益丰富的今天，人们的幸福感却在不断消失。书中的MAGIC幸福模型，为重拾幸福提供了有效途径。

再好的武林秘籍都需要修炼，才能运用自如。正念也一样，越修炼，越精进，越受益。期待这本《定力：正念投资，正念人生》能助力读者提升投资的获得感和人生的幸福感。

孟　森

百年保险资管总经理

平安人寿原首席投资官

前言

　　我的职业生涯几乎都在跟金融打交道，特别是最近10多年，一直在资产管理和财富管理领域深耕。有一个问题一直困扰着我：怎样才能帮助投资者理好财、管好"钱袋子"。众所周知，绝大多数普通投资者在金融市场上很难赚到钱，甚至亏掉自己辛苦打工攒下的积蓄的例子屡见不鲜。他们是那么无助，但又没有好的解法。金融投资既需要精深的专业积淀，更需要很强的情绪管理能力，如此才有可能赢得成功。因此，持续获利、战胜市场是很困难的一件事。即便是一些专业度很高的基金经理，因为难以克制人性的弱点，管理不好情绪，也在投资市场折戟沉沙。

　　提升专业认知已经很难，但提升能力的路径尚有迹可循。情绪管理能力如何提升却是难上加难。

我和正念的结缘，始于 2020 年新冠疫情期间。当时我在腾讯工作，公司组织员工参加正念培训。经过几年的修习，受益良多，身心状态都有了很大的提升。此后我又参加了斯坦福大学的正念师资课程学习，跟随童慧琦、陈德中、温宗堃等老师继续修习，对正念有了更为深入的理解、领悟。很开心，目前已获得正念减压（MBSR）认证师资资格。

有了正念，情绪管理的难题有了解决的方法和可能。本书着重阐述如何提升对投资的专业认知，如何在纷繁复杂的市场环境中保持正念，从而让自己的每一个投资决策都是专业认知驱动。只有这样，那句名言"投资是认知的变现"才能够成立。

更进一步，本书也尝试讨论如何让自己的人生变得更幸福。这的确是一个宏大的命题。事实上，投资是一个浓缩的人生修行场，充满了各种诱惑、挑战、坎坷，对人性的考验非常巨大。如果能够成功驾驭投资，那么一定能够成功驾驭人生。本书将提出 MAGIC 模型，希望借此帮助我们把人生的每一个当下都变成"神奇时刻"（magic moment），从而拥有幸福的人生。

如果读者能够在书中找到一些启发、一些感悟，我会非常欣慰。我们也许无法改变投资、人生旅途上的坎坷，但我们一定能够改变自己应对这些坎坷的态度，从而让我们的投资和人生变得愉悦、自在、幸福！

在写作过程中，很多人提供了帮助，让我体会到了无比的温暖。感谢童慧琦女士、任汇川先生、孟森先生为本书作序。感谢程泉女士、袁源女士、俞怡扬先生、袁君女士帮助做了大量资料搜集、整理和协调工作。

感谢我的家人为我写作本书提供了无限量的保障，尤其是我14年前去世的母亲，相信她在遥远的地方一直给我能量和指引，帮助我走向更为智慧、幸福的人生道路。

要感谢的人实在太多，限于篇幅就不再一一点名。我相信大家会感受到感恩的能量在传递。也希望借助本书，向读者传递更多的正能量。让我们一起享受正念投资、正念人生。

目 录

引　言

2008 年 7 月，次贷投资跌得一文不值时，他们完成了所有交易，将这场非凡生意的剩余部分全部变现，完美收官。保尔森的两大信用基金共投入资金 12 亿美元，在这辉煌的两年内，最终获利近 100 亿美元。保尔森的其他基金也坐拥近 100 亿美元的利润。

——格里高利·祖克曼《史上最伟大的交易》

被称为"对冲基金第一人"、电影《大空头》(*The Big Short*) 主角的原型约翰·保尔森（John Paulson），从小就对金钱有着敏锐的嗅觉。六岁时，他把外公给他的一大包糖拆分开，按粒卖给幼儿园里的其他小朋友，赚到了人生第一桶金。他回忆道："当时我有个小猪储蓄罐，我的目标就是把它装满，我喜欢干活，喜欢口袋里有钱。"

上学后，保尔森入选了一个天才儿童项目。八年级时，他便开始学习微积分、莎士比亚作品及其他高中课程。据其同学回忆，保尔森擅长用简单的语言把复杂的内容归纳出来，化繁为简，直击要害。

1978年，保尔森以全班第一的成绩毕业于纽约大学商业与公共管理学院。随后，他考入哈佛大学商学院，并获得 MBA 学位。在哈佛大学期间，一个偶然的机会让保尔森接触到了金融投资。一天，"杠杆收购之王"——KKR 公司的创始人杰瑞·科尔伯格（Jerry Kohlberg）带来两个银行家，向同学们详细讲述了如何不花现金、通过贷款买下一家公司，并在六个月内转手赚得千万美元的故事。保尔森第一次认识到了大型投资中的巨大利润潜力，并对此产生了浓厚兴趣。

1980年，保尔森在波士顿咨询公司开启了职业生涯，其工作内容涉及地产相关的深度研究。虽然不久之后他就意识到自己更想做投资交易，但这段经历在他身上留下了独特的印记。他不依赖信用评级机构的结论，而是喜欢通过搜集大量的财务信息，自己做分析判断。

1982年，出于对华尔街的向往，保尔森加入了顶尖的私募股权投资公司奥德赛合伙投资公司（Odyssey Investment Partners）。两年后，他跳槽到彼时美国第五大投资银行贝尔斯登的并购业务部门，并在四年里快速从分析员升到了董事总经理。也是在这段时间里，他意识到，投资银行所收取的并购交易服务费，获利远不如做资产管理、自己直接投资。

1988年，保尔森决定从投资银行转行到基金管理，于是加入了格鲁斯合伙基金，成为合伙人之一，正式开始了他的基金管理生涯。1994年，保尔森看准了对冲基金的势头，创立了保尔森对冲基金，专做并购套利和事件驱动投资。当时，公司只有两个人——约翰·保尔森和他的助理，经营规模不过200万美元，他甚至没有自己独立的办公室。

保尔森的首次飞跃源于2001年的美国互联网泡沫破灭。他当时判断，很多在虚高股价支撑下的并购案会"黄"掉，因此选择大量卖空。在互联网股票狂跌的2001年和2002年，他的基金逆势增长，投资者纷至沓来。2005年，公司管理的资产规模达到了40亿美元，较成立伊始大幅飙升。

真正造就"保尔森神话"的，是他对美国房地产市场的做空策略。2005 年，保尔森坚信地产泡沫的破灭已经不远。他没有采纳评级机构的打分，而是亲力亲为，带领团队追踪成千上万的房屋抵押，逐个分析所能获取到的个人贷款的具体情况。随着研究的深入，他发现，房贷资金回收正在变得越来越困难，投资者远远低估了抵押信贷市场上存在的风险。2006 年初，美国最大的次级按揭贷款公司 Ameriquest Mortgage 出资 3.25 亿美元，调查房地产借贷行业中的不规范贷款行为。这使得保尔森更加坚定地看空房地产借贷市场。2006 年 7 月，保尔森募集了 1.5 亿美元，开始运作一只专门为做空抵押债券而成立的对冲基金。

但是泡沫持续的时间却超出了他的预期。随后的几个月，美国房地产市场依然繁荣，关于房地产市场的利好消息铺天盖地，乐观的房地产市场专家和贷款机构们不断鼓吹着房价将持续上涨。人们相信，即便下跌，美联储也会通过降低利率来挽救市场。保尔森的基金不断地赔钱，命悬一线。以一己之力抵抗千万人的趋势，保尔森压力重重、备受煎熬，有时候甚至彻夜难眠。但他仍然坚持自己的专业判断。他坚信该来的总会来，泡沫终究会有破裂的一天。

2006 年底，次贷危机初见端倪。保尔森的基金终于扭亏为盈。在长舒一口气的同时，他的信心越来越足，随即又建立了第二只类似的基金。

2007 年，次贷危机一触即发。长期蛰伏的保尔森终于大获全胜。截至 2007 年底，他管理的第一只基金升值 590%，第二只基金也升值 350%，基金总规模已达到 280 亿美元。52 岁的他，在两年间靠管理费和业绩报酬赚了 60 亿美元，创下金融市场有史以来个人年收益的最高纪录。而客户的收益和公司的盈利达到了骇人听闻的 200 亿美元。

约翰·保尔森看见了市场的疯狂，又利用市场的疯狂赚取了巨额利润。经此一役，全世界都记住了"保尔森"这个名字。

这真是一个酣畅淋漓的投资界传奇故事。从故事中，我们似乎可以轻易总结出投资的成功密码：天才的童年，顶尖的学府，亮眼的职业履历，对市场的独到见解，逆势而上的勇气……但投资中并没有 100% 确定的事。约翰·保尔森功成名就后也遭遇了滑铁卢。他对加拿大上市公司嘉汉林业进行了大笔投资，后来该公司涉嫌财务造假而股价暴跌，公司市值在两个交易日里蒸发了 32.5

亿美元，最终导致保尔森基金以亏损 4.68 亿美元的结果黯然离场，被《时代周刊》杂志称为"2011 年世界十大商业失误"之一。

而更令人唏嘘的是，在上述那场金融危机中，以雷曼兄弟为代表的金融巨头轰然倒塌。从专业角度看，投资银行深谙金融衍生品的特点，掌握更多的信息优势，理应比其他人更了解这些衍生品的内在价值和风险。但是，实际上，这不是专业投资机构第一次在资产泡沫中惨败。有时候，越是业内人士，越容易陷入群体性思维，越容易被市场情绪所束缚。

这种巨大的不确定性，正是投资最引人入胜、也最令人困惑的地方。既有冥冥之中的必然，又充满难以预判的偶然。保尔森必定不是投资界最后一个传奇。市场由人所组成。有人的地方，就有情绪。有情绪的地方，就有不确定性。在投资圈这片武林里，光有武林秘籍、习得奇招还不够，更需要修炼心性、锤炼内功，才能智慧地应对不确定性。

这也正是本书想要探讨的议题。

第一章

寻找投资的本质

　　人类涉足投资的历史源远流长。从进化论的角度来看，投资是为了生存和繁衍，需要储备资源以应对未来的不确定性。从最初的实物投资，到股票的诞生，再到期货衍生品的登场，投资范围越来越广，市场也愈发复杂。今日，随着科技的进步，在电脑上敲入一个代码就可以完成一笔投资，更多的人有机会参与到投资这个"修罗场"里。根据美国银行统计，截至2024年7月，全球股票和债券资产总市值已经飙升至255万亿美元，创历史新高。

　　然而，每一个畅想着通过投资实现财富增值的人都不得不面对残酷的现实：股票市场七负二平一胜；期货市场由于带有高杠杆，结果更为惨烈，倾家荡产者不计其数。在这些黯然出局的人群中，不乏高智商的专业选手。他们百思不得其解，为什么自己在专业领域已经精益求精，却仍然做不好投资。

究其原因，投资不仅仅是一项比拼专业能力的比赛。我们常说："投资是认知的变现。"这句话成立的前提，是投资决策都由专业认知驱动，而非情绪驱动。但现实中，人们常会因为情绪的波动，影响认知的发挥。如同格雷厄姆所言，"无法控制情绪的人不会从投资中获利"。

我们可以用一个公式来概念性地阐述：投资业绩 = 专业认知 × 情绪管理。两者不是简单的相加，而更接近相乘的关系。专业认知水平的高低，情绪管理状态的起伏，两者相互作用，让投资业绩呈现截然不同的结果。

通常情况下，我们普遍更关注"专业"这一部分。提高专业认知的路径相对有迹可循，能够收获较为确定的正反馈。花更多的时间和精力思考投资逻辑、阅读书籍和财报、研究基本面，在模型上精益求精，挖掘更细分、更高频的经济／行业／个股指标，多与同行交流，都是我们觉得相对可控、可操作性较高的方法。

然而，专业认知虽然是投资成功的必要条件，但高手过招时，比拼的远不止专业认知。投资作为一项面向未来的智力活动，不确定性是其重要特征。即使做好了万全准备，市场走势仍然有可能偏离我们的预期。尤其是在市场拐点，情绪占据上风，专业能力经常"失效"。在市场底部时，情绪往往极度悲观，"所有的好消息都是坏消息"，大家对于市场边际改善熟视无睹；而在市场顶部时，市场情绪容易变得乐观，"所有的坏消息都是好消息"，肉眼可见的风险却被投资者视若罔闻。此时，市场基本没有逻辑和理性可言，只是任由情绪驱动，走向极端。

橡树资本创始人霍华德·马克斯（Howards Marks）在其著作《周期》中，曾提到2008年金融危机时的一段亲身经历。当时他所管理的一只杠杆基金由于受到市场极端风险规避和流动性枯竭的影响，所持有的资产价格大幅下跌，面临连续追加保证金的压力。此时，如果基金投资人能够追加投资，他们的到期收益率能达到20%以上；而如果投资人不增资，则相当于以目前极低的价格出售自己所持有的基金组合的一部分权益。其中的一个投资人是一家养老基金。该机构对于追加投资的逻辑基本认同，但由于市场连续下跌，其对于风险的规避已到了严苛的地步。无论霍华德如何用数据推演解释，他们仍然连续六次问出了同样的问题："但是如果情况变得比这更糟糕呢？"最终，该投资人放弃了追加投资的提议。但霍华德本人为了避免基金在不合理的价格清盘，自己出资填补了基金缺口。结果，这笔投资成了他这辈子最赚钱的一笔。

回顾人类历史上的各类资产泡沫，虽然最终都是一地鸡毛，但我们不得不承认所有的泡沫都是从有真实增长、有实质性依据的客观事实开始的，并不都是凭空出世。互联网的出现深刻改变了人类的生活，次贷危机之前的美国房地产市场的确也是欣欣向荣的。但这些"始于事实"的行情最终都在情绪的裹挟下演变成非理性的泡沫。当投资者们不再谨小慎微、不再用理智去预判股价，而仅凭以前的好业绩来盲目乐观地预测未来时，泡沫就产生了。难怪大科学家牛顿在经历了南海泡沫后，也只能无奈地感慨道："我能计算恒星的运动，却算不出人类的疯狂。"

以美国的"漂亮50"为例。20世纪60年代末，美国市场上，以可口可乐、麦当劳、迪士尼等为代表的基本面良好、有业绩支撑的龙头企业受到了资本市场的追捧。根据价值投资者的理论，买股票就是买公司，买公司就是买未来现金流的折现。因此，公司的内在价值由企业经营状况、商业模式等决定。"漂亮50"的确符合价值投资的投资理念。然而，即使在这样科学而又严谨的认知下，市场都走向了不可控的局面。从1970年6月到1972年12月，"漂亮50"的涨幅超过90%，估值也大幅攀升，甚至达到八九十倍。而当泡沫破灭后，短时间内股价几乎跌去七成，部分成分股的估值甚至降至个位数。同样的股票，同样的公司，股价却在短期内经历了过山车般的走势。

投资并不是一场精确的算术游戏。即使出发点是理性的，也会受到心理及情绪因素的干扰，最终仍会走向不可知的未来。

而与资产泡沫相对应，市场底部时的绝望也令人瞠目结舌。2020年初，新冠病毒肆虐，投资者情绪跌至低谷，市场充斥着"末日论""经济崩盘论"等悲观论调。华尔街精英们仿佛在一瞬间丧失了理性的思考能力，所有的数据、指标都失去了意义，取而代之的是无止境的悲观情绪和不顾一切的抛售行为。包括标普500指数在内的各类金融资产价格都出现了大幅跳水，而这又加剧了投资者的恐慌情绪。在这样的负反馈下，美股在十天内竟然发生了四次熔断，标普500指数在3月16日当日达到11.98%的跌幅，成为该指数历史上第三大单日跌幅。更为荒诞的是当年4月21日，原油遭遇市场疯狂抛售，并导致美国WTI 5月原油期货结算价最终收报–37.63美元/桶，历史上首次跌至负值。

回想一下，你是否有过这样的经历？在市场底部的时候，面对腰斩甚至打了一折、两折的投资标的，尽管你的专业能力告诉你这是一个绝佳的投资机会，你的内心却依旧充满恐惧，不敢下手，害怕价格会继续下跌。而在不久之前，同样的投资标的，其价格可能是现在的2倍、3倍甚至10倍之多时，你却毫无风险意识，认为价格的上涨可以永无止境，每天看着账面盈利而沾沾自喜。

投资之所以不是一门纯粹的科学，最根本的原因是市场的参与者是人。虽然经济学中有"理性人"假设，认为每个人都会客观而又理智地做出让自己的利益最大化的决策，但现实中，人类天生容易受到情绪干扰，情绪主导了我们的大多数行为，理性才是稀缺的。或许，在有效市场的世界中没有情绪波动，没有群体性疯狂，没有贪婪或恐惧，没有跟风的投机者，也没有"非理性的"泡沫。但在现实中，尤其是在投资这个领域，贪婪和恐惧这两种极端的心理经常交替出现，推动行情大幅波动。越是在市场的拐点，情绪的作用越是重要。

由此可见，"投资是认知的变现"，但前提是认知不能受到情绪波动的影响。在做好投资风险管理的同时，更要做好自己情绪的风险管理。这是所有投资者都要修的功课。

近些年，越来越多的投资界人士认识到了情绪这一变量的重要性。然而，相对于提升专业能力，做好情绪管理的路径似乎不那么有章可循。在实际生活中，人们往往深感"有心无力"，不知道如何让自己的心平静下来，更不知道如何达到澄澈的状态，做出正确的抉择。

有些人试图通过"控制"或"抑制"情绪去规避情绪对投资的影响，结果却适得其反。心理学有一个著名的"粉红色大象"效应，指的是越是让实验对象不要去想房间里有一头"粉红色的大象"，他们就越会想起它。这个实验证明了你无法控制自己"不要想起"什么。越是想要抑制或者回避的东西，往往越会占据我们的心，让人无法摆脱。

事实上，情绪管理的第一步并不是抑制情绪，而是正视并接纳情绪。包括所有积极的、消极的，乐观的、悲观的，全都不失偏颇地接纳。导致我们做出非理性决策的并不是情绪本身，而是情绪的干扰使我们的专注力涣散，无法聚焦在更重要的事情上。想要抑制情绪，就会使我们花费更多的时间和精力去与情绪做抗争，从而更无法集中注意力，最终的决策也就越发偏离理性。

综上，投资不是一个单一变量的函数，而是由专业和情绪两个变量共同作用的产物，其中任一变量的细微变化都可能牵一发而动全身。在本章接下来的内容中，我们将谈谈投资的复杂性，投资背后所需的专业能力，以便我们在后续章节中了解情绪究竟如何影响投资。

● 投资的复杂性

这次不一样？

最早的证券投资出现在 15 世纪的荷兰。当时，海上贸易兴起，世界版图突然开阔了，机会无处不在。坐船去全世界做生意，就有可能获得巨额财富。但彼时的世界仍处于一个巨大的未知中，风险同样无处不在。航海途中可能会遇到各种难以预料的艰难险阻，客死他乡的概率较高。为了匹配潜在收益与风险，历史上第一次出现了股份筹资的模式。即，在每次出航前筹集资金，并形成按资金金额"入股"的模式。航行结束后，将股本退给出资人，并将所获利润按所出资金的比例进行分配。这就是股票的最初形态。

17世纪初期，当时的西方强国纷纷向东半球扩展贸易、建立殖民地，并设立多家"东印度公司"负责殖民地的经贸事务。东印度公司成了国家的摇钱树，源源不断地从东方带去巨大财富。在赚钱效益的刺激下，成千上万的人把自己的积蓄投给东印度公司，以换取未来丰厚的回报。1602年，荷兰东印度公司印制了历史上最早的股票，并建立了世界上最早的证券交易所——阿姆斯特丹证券交易所，股票从此可以任意转让。

正是在这种背景下，"invest"这个原本与金融毫无关系的单词衍生出了"投资"的含义。"invest"一词出自拉丁语，由前缀in-（进入）和词根vest-（衣服）组成，与单词vest（背心、马甲）同源。从字面看，即"穿上衣服"的意思，原意是穿上工作制服。17世纪起，人们开始用"invest"这个词来形容"给财富换上新的衣服"，即将银行存款或现金换成东印度公司的股票。

第一张股票诞生之时至今，已有400多年历史。从专业的角度看，人类在投资上有了长足的进步。投资不再是凭感觉起舞，而是有了坚实的"专业之锚"。有效市场理论、大类资产配置理论、绝对估值法、相对估值法、行为金融学等各种理论和方法层出不穷，甚至有了各种复杂的模型来解释市场的逻辑，预测市场的走势。100多年前大投机家利弗莫尔只能靠电报机传送数据流的形式读取行情。现在我们有了实时数据，精确到秒甚至毫秒、微秒。技术的进步使得信息呈现爆炸式增长，全世界范围内的市场联动也越发密切。美联储货币政策的转向会立即在亚太、欧洲市场上引起波动；中东局势的风吹草动也会在全球市场上得到体现。

然而，若谈论情绪管理能力，我们与400年前的人类完全没有差别。市场暴跌时，我们恐惧万分；市场暴涨时，我们又群情激奋。市场脱离底部时，我们犹豫不决、害怕损失；而市场加速上涨时，我们又无视风险，满仓加杠杆。400年前荷兰发生了郁金香泡沫，20世纪90年代日本也出现了资产价格泡沫崩溃，再到2008年的全球金融危机、2021年新冠疫情后的美股熔断和原油负油价等极端事件，在信息科技高速发达的年代，追涨杀跌的行为愈演愈烈，市场出现极端情况的频率甚至越来越高。信息的触手可得帮助我们更好、更全面地做出决策，但另一方面，也使我们陷于"信息过载"的困局中，投资行为愈发趋同。从概率上来看"百年一遇"的金融危机，实际上每隔几十年甚至更短的时间就会发生一次。

黑格尔说："人类从历史中学到的唯一的教训，就是没有从历史中吸取到任何教训。"从人类的投资史看，历史虽然没有简单地重复自己，但却押着同样的韵脚。这个韵脚就是人类亘古不变而又起伏不定的情绪。

即使在科技突飞猛进的今天，人类面对自己的情绪仍然束手无策，不知道情绪从何而来，也不知道如何管理情绪，更不知道如何规避情绪的干扰，做出正确的选择。最终的结果就是市场一遍又一遍重复着相似的模式。

每一次，我们都寄希望于这次不一样，但最终却发觉，每次都一样。

投资的本质：应对未来

霍华德·马克斯在《投资最重要的事》中写道："投资只关乎一件事情：应对未来。"然而，过往不可寻，未来不可知。从后视镜角度回望过去，满盘皆是赚钱机会。站在当下遥看未来，则是一头雾水没有答案。

究其原因，未来是充满不确定性的。巴菲特也好，索罗斯也罢，都无法确切告诉你何时买入何种资产，未来就可以赚多少钱。甚至，越是高水平的投资人士，越是能够认识到市场的无常，对市场充满敬畏。美国传奇交易员保罗·都铎·琼斯在功成名就后曾经说过："我现在要比以前任何一个时候都谨慎小心、诚惶诚恐，因为我已认识到交易这行的成功是多么短暂，转瞬即逝。我深知要想在这行取得成功，就必须战战兢兢，始终如履薄冰。"

本质上，投资并不是一门纯粹的科学。很多时候，市场是随机游走的。看似相同的条件在不同的场景中会呈现完全不同的结果。这与科学通过已知条件推导结论的严格方式是相违背的。但是市场又是有其普遍规律的，无论价格如何波动，最终都会回归价值。在随机游走与有迹可循之间，时间和频次是决定结果的关键因素。如果有一场"一局定输赢"的投资比赛，一个久经沙场的专业投资人与一个普通人比拼投资能力，两者的投资收益很可能没有明显差别，甚至说不定普通人由于运气加持，还能获得更好的收益。但是如果是长期的、连续多次的投资决策，一个经过专业训练的投资人的获胜概率一定显著高于普通人。

从风险和收益的角度看，随机性与确定性也同样存在。虽然我们常说风险与收益并存，但风险和收益并不是一一对应的关系。不是多承担一份风险，就一定可以多获得一份收益。但是从概率上看，多承担一份风险有可能多获得一份收益。

那么，面对不确定的未来，我们有什么办法应对吗？股神巴菲特给出的解药是"宁要模糊的正确，也不要精确的错误"。正如前文所说，未来虽然充满不确定性，但它并不是完全随机游走，也有其内在规律。在面对充满不确定性的未来时，尽管无法得到 100% 确定的结果，却依然能够凭借专业能力和经验，做出大概率符合市场趋势的策略。比如在面对大的市场顶部或者底部时，虽然无法精确到某一个数值抄底或者逃顶，但是大致范围是可以确认的。

然而，从小受到的教育，使对于精确性的追求一直束缚着我们。考试时差一分可能就是天壤之别，所以总想在最低处抄底，在最高处抛售。这也是大多数人无法在投资上取得成功的原因之一。

　　未来是不确定的，每笔投资也都有不确定性。不是每一个变量都可以量化，而任意一个变量的变化（尤其是和心理、情绪相关的变量），都可能让结果大相径庭。

　　因此，当我们处于不确定的市场，需要做出投资决策时，首先应该用概率的思维去思考，用专业能力和知识储备提高获胜的概率。同时，还要对市场的不确定性有充分的预期。

市场有效吗？

　　在投资界，关于市场是否有效的争论历时已久。如果市场是完全有效的，所有的信息都已经反映在股价中，研究和分析都无法获得超额收益，那被动投资就是最佳选择。但在现实中，的确有一些优秀的投资人通过卓越的专业能力，跑出了远高于业绩基准的超额收益。而如果市场完全无效，那股价就是完全随机游走，不存在价格回归价值的理论基础，投资就完全凭运气了。

　　有效市场假说诞生于 20 世纪 70 年代的美国。1965 年，美国芝加哥大学金融学教授尤金·法玛（Eugene Fama）发表了题为《股票市场价格行为》的博士毕业论文，后又于 1970 年对该理论进行了深化，并提出了有效市场假说（efficient markets hypothesis, EMH）。该理论认为，在法律健全、功能良好、透明度高、竞争充分的股票市场，一切有价值的信息已经及时、准确、充分地反映在股价走势当中，其中包括企业当前和未来的价值。除非存在市场操纵，否则投资者不可能通过分析以往价格获得高于市场平均水平的超额利润。

有效市场假说给了投资者一个相对科学的方式去解释市场行为。从整体看，市场充满不确定性，但并不是完全随机游走。只是在情绪的裹挟下，市场常常偏离我们的预期。欧洲投资大师安德烈·科斯托拉尼有一个著名的"遛狗理论"：有一个男子带着自己的狗在街上散步，这狗一会儿跑到前面，一会儿又回到主人身边。接着，它又跑到前面，发现自己跑得太远后，又折返至主人身边。整个过程，狗就这样反反复复来回奔跑。最后，他俩同时抵达终点，男子悠闲地走了一公里，而狗走了四公里。这里，男子类比成经济，狗则对应证券市场。

股票投资中价值和价格的关系就像遛狗时人和狗的关系。我们常说的"低买高卖"，其实也涉及两层逻辑。比较为人所知的是价格围绕价值波动。由于受到外界信息和市场情绪的扰动，股票价格会偏离价值本身。但无论如何，价格最终会回归价值。因此，我们需要在价格低于价值时买入，在价格高于价值时卖出。

除此之外，还有更深一层的理解。价值虽然是价格的"锚"，但其本身也会随时代变迁而改变。因此对于价值，也需要低买高卖。就像遛狗的例子中，小狗走了四公里，但主人并没有原地不动，而是也走了一公里。价格变了，价值也变了。

柯达公司曾经占据市场 90% 的胶卷销量和 85% 的相机销量，地位无人能撼动，但在数码相机横空出世后一蹶不振。随着时代的变迁，原有的价值被颠覆了。此时，再低的价格也很难挽救它的价值。因此，既要关注价格和价值的差值，也要关注价值的绝对值。虽然说价值是恒定的"锚"，但"锚"本身也会变。因此，低买高卖的不仅是价格，也是价值本身。

投资最有趣的一点是它"包罗万象、海纳百川"，条条大路都可以通罗马。巴菲特的价值投资可以战胜市场，索罗斯的反身性理论也可以横扫天下。技术分析、基本面分析都可以在某些时候大放异彩，同样也都有可能突然失效。

归根结底，市场本质上是徘徊在有效与无效之间的。

对于市场在何时会陷入无效，以及这种无效会持续多久，或者在什么情况下又能表现出有效性，很难有定论。尤其是一些关键节点，如某个上市公司披露重要信息时，或者宏观政策发生转向时，市场都可能会反应过度。有时候好消息会导致价格过度上涨。有时候对于好消息的预期已经体现在股价中，当消息真正释放的那一刻，反而是靴子落地、兑现利好的好时机。

因此，市场不存在绝对的有效或者无效。每一种投资理念的背后都隐含着关于人类行为的某种观点和假设。如何看待市场的有效性，决定了你用何种方式、何种投资策略参与这个市场。没有一种投资方法可以赚到市场的每一分钱，但每个人都可以赚到符合自己专业认知和情绪管理的钱。

● 投资所需的专业能力

前文提出了"投资业绩 = 专业认知 × 情绪管理"，也强调了投资的复杂性及情绪的显著影响。但这并不意味着，专业不重要。恰恰相反，专业能力是投资成功的必要条件。

高手过招比拼情绪，但是成为高手的前提却是专业能力。那么，如何提升投资的专业能力？究竟哪一本才是投资的"武学宝典"？哪一招才是投资的制胜绝招？很可惜，上述问题都没有标准答案。

从专业的角度出发，投资的第一步需要选择一个符合自身个性和认知的、具有内在一致性的投资理念。这个投资理念不仅需要符合投资目标和市场状况，而且需要与投资者的个性特征相匹配。在专业层面，通向成功投资的道路千万条，但适合你的可能只有其中一条或两条。你相信什么，就会遇到什么，才会最终成为什么。在投资中，只有对某种投资方法全心全意地信任，才会愿意花大量的时间和精力深入地去探索，才会在面对不确定性时用这种方法去应对，并最终得到市场的反馈。

通常来说，投资从资产配置开始。即根据宏观经济、市场环境等变量，投资者按照一定的策略和比例，将资金分配到不同的资产类别中，以达到风险分散和收益最大化的目的。其中，资产类别主要包括股票、债券、商品和现金等。

而对于具体的资产，又有不同的投资方法。主要包括：（1）自上而下的投资方法，通过资产配置的角度，将宏观—行业—资产联系起来。（2）自下而上的投资方法，以公司基本面为主要决策依据，而对于行业、宏观等关注较少。（3）技术分析方法，即通过对市场行为本身的分析来预测市场价格的变化方向。（4）行为金融学，基于非理性人假设、将情绪作为重要变量囊括在分析框架中。

然而，需要注意的是，没有一种投资方法是万能的。比如，自上而下的投资方法，需要对宏观经济进行预测。但宏观涉及的变量众多，且变量之间会互相影响。因此，预测极其困难，任何一个微小的失误都可能导致投资方向的严重偏差。

而对于自下而上的投资方法，由于重点放在个股研究上，可能会忽视市场整体的影响。但 beta 的力量非常强大。市场上涨时，"风口上的猪"也会飞；市场下行时，即使个股基本面良好，也会面临"泥沙俱下"的"错杀"，造成大幅亏损。

从技术分析的角度看，一个在日线级别出现的买点，很可能放在中长期的维度中，却是一个明显的卖点。有时候，相同的图形在市场不同阶段代表完全不同的意义。因此，并不存在一个"放之四海皆准"的准则。

而行为金融学虽然颠覆了传统的理性人假设，但是由于缺乏一个基于其理论的核心资产定价模型，很难进行定量分析，更多地依赖实证研究。因此，它在实际投资决策中的应用也会受限。

投资的确是复杂的。在本节中，我们将对投资的不同专业流派做一个简要梳理。对于投资小白，可以通过阅读本节了解基础的投资理论，并可以以此为索引，后续深入研究与自己的投资理念最相符的理论框架。而对于专业投资者，则可以在理论的基础上融会贯通，练就属于自己的"独门秘籍"（也可以根据自己的需要简单浏览或略过）。

请记住，投资没有万能宝典，也没有必胜法门。我们唯一能施加影响的就是过程。找到适合自己的投资理念，坚持纪律，专注过程，才能在长期提升业绩。

资产配置理论：从美林时钟看大类资产轮动

美林时钟作为资产配置的经典理论模型，在资产配置、行业轮动等方面有着非常重要的作用。该模型由美林证券在 2004 年提出，主要基于美国 1973—2004 年的历史数据。它根据经济增长率（GDP）和通胀水平（CPI）两个维度将市场分成四个阶段，分别是经济复苏期、过热期、滞胀期和衰退期。而在每一个阶段，都有一类资产表现较好。

美林时钟的分析框架有助于投资者识别经济中的重要拐点，并将资产轮动、行业策略与经济周期联系起来，实现"宏观—行业—具体标的"的投资方法。

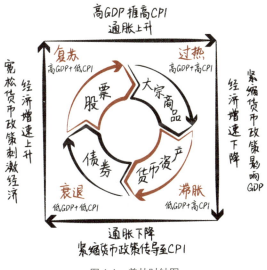

图 1.1　美林时钟图

（1）复苏期。

处于复苏期时，新一轮的周期性扩张开启。经济增速上升，但通胀率仍然较低。此时，企业盈利上升，债券收益率仍处于低位，但政策端仍保持宽松。在这个阶段，企业盈利增长将推动股票价格上涨，因此股票是最佳投资选择。

（2）过热期。

当经济周期从复苏期转向过热期时，前一阶段企业的扩张走向后期，企业生产能力接近饱和，经济增长超过潜在均衡水平时，增长逐渐放缓，通胀上升。在这个阶段，商品是最佳的投资选择，如石油、黄金或其他原材料，因为它们的价格通常会随着通胀水平的上升而上涨。股票的表现可能仍然较好，但债券和现金的吸引力可能会降低。

（3）滞胀期。

处于滞胀期时，经济增长放缓，通胀仍然高企。企业盈利增长放缓，导致股票表现欠佳。同时，高通胀环境下债券的实际收益率也受影响。此时，持有现金或者配置货币类资产是最佳的投资选择，可以持币观望，以应对经济的不确定性。

（4）衰退期。

进入衰退期时，经济增长放缓，通胀水平下降。在这个阶段，投资者可能会转向债券，尤其是政府债券，因为它们通常被视为风险较低的投资，并且在经济不确定性时期提供了相对稳定的回报。股票可能会因为经济前景不佳而表现不佳，现金则会作为避险资产被持有。

当然，在实际运用中，美林时钟也经常失效，四个阶段有时会发生跳跃，或者不按顺序出现。这一方面来自政策的干扰，另一方面则是情绪的影响，导致市场出现偏离正常周期和理性的现象。因此，在实操中也需要变通运用美林时钟。

美林时钟的投资标的主要包括股票、债券、商品和现金。

● 股票投资。

股票是有价证券的一种主要形式，它是股份有限公司发行的、用以证明投资者的股东身份和权益，并据以获取股息和红利的凭证。股票实质上代表了股东对股份公司的所有权，股东凭借股票可以获得公司的股息和红利，参加股东大会并行使自己的权力，同时也承担相应的责任与风险。作为一种最常见的投资标的，其定价理论一般分为绝对估值法和相对估值法两种。

（1）绝对估值法。

绝对估值法是一种评估资产或企业价值的方法，它基于对资产未来现金流的预测和贴现。其中又以 DCF 模型和 DDM 模型较为常用。

DCF 模型，即现金流量折现法（discounted cash flow technique），通过预测公司将来的现金流量并按照一定的贴现率计算公司的现值，从而确定股价。DCF 模型的计算公式通常表示为：

$$P = \sum_{t=1}^{n} \frac{CF_t}{(1+r)^t}$$

其中，CF_t 为未来 t 期的自由现金流；r 为自由现金流的贴现率，通常使用加权平均资本成本（WACC）来计算，它是各种资本来源的成本之和与融资成本的加权平均。

使用此方法估值要确定两个关键性指标：第一，预期企业未来存续期各年度的现金流量。第二，要找到一个合理的公允的贴现率，贴现率的大小取决于取得的未来现金流量的风险，风险越大，要求的贴现率就越高。

而 DDM 模型又称股利贴现模型。它认为股票的当前价值等于其未来所有股息支付的现值总和。DDM 模型考虑了股息支付和市场预期回报率，通过对未来股息的预测和贴现，来估算股票的内在价值。它揭示了股票价格、预期基期股息、贴现率和股息固定增长率之间的关系。

DDM 模型的计算公式通常表示为：

$$V_0 = \sum_{t=1}^{\infty} \frac{D_t}{(1+r)^t} = \sum_{t=1}^{\infty} \frac{D_0(1+g)^t}{(1+r)^t}$$

上述公式也可以简化成：

$$V_0 = \frac{D_0(1+g)}{r-g} = \frac{D_1}{r-g}$$

其中，V_0 为股票的当前价值，D_0 为股票当期股息，D_1 为预期的下一期股息，r 为投资者要求的回报率或贴现率，g 为股息增长率。

另外，DDM 模型有几种变体，包括零增长模型、不变增长模型、多元增长模型和三阶段股息贴现模型。这些变体考虑了不同的股息增长情况和预测方法。

使用 DDM 模型时，关键的输入变量包括预期股息、贴现率和股息增长率。投资者可能会根据公司的历史股息支付情况和业务前景来预测未来的股息。贴现率则通常基于资本资产定价模型（CAPM）或其他方法来确定。

（2）相对估值法。

相对估值法又称可比公司法，是指对公司估值时将目标公司与可比公司做对比，用可比公司的价值衡量目标公司的价值。通常的做法，一是和该公司历史数据进行对比

（纵向比较），二是和国内同行业企业的数据进行对比，确定它的位置（横向比较），三是和国际上的（比如中国香港市场和美国市场）同行业重点企业数据进行对比。

相对估值法中最为常用的方法是市盈率法和市净率法。此外还有净利润成长率法、价格营收比例法、企业价值法等。

市盈率估值法（price-to-earnings ratio, P/E）是股票市场中最常用的估值方法之一。它通过比较公司的市场价值（股价）与其盈利能力（每股收益）来评估股票的估值水平。如公式所示：

$$市盈率 = 每股市价 / 每股净利，即 PE = p/e$$

该模型假设股票市价是每股收益的一定倍数。每股收益越大，则股票价值越大。同类企业有类似的市盈率，所以目标企业的股权价值可以用每股收益乘以可比企业的平均市盈率计算。

市盈率模型的优点主要有三个。首先，计算市盈率的数据容易获得，并且计算简单。其次，市盈率把价格和收益联系起来，直观地反映了投入和产出的关系。最后，市盈率涵盖了风险补偿率、增长率、股利支付率的影响，具有很高的综合性。

但市盈率模型也有其局限性。比如，当每股收益价值为负值时市盈率就失去了意义。对于不同行业的公司，其盈利能力和增长速度可能存在较大差异，很难用市盈率一个指标去评判。或者当经济处于不同周期时，公司收益的相应波动会引起市盈率的变动，因此市盈率估值法对于周期性较强的企业有局限性。

而市净率（price-to-book ratio, P/B）指的是每股股价与每股净资产的比率。一般来说，市净率较低的股票，投资价值较高，相反则投资价值较低；但在判断投资价值时还要考虑当时的市场环境以及公司的经营情况、盈利能力等因素。如公式所示：

市净率 = 每股市价 / 每股净资产，即 $PB = P/BV$

其中，每股净资产是股票的本身价值，它是用成本计量的，而每股市价是这些资产的当前价格，它是证券市场上交易的结果。通常而言，当市价高于价值时企业资产的质量较好，有发展潜力，反之则资产质量差，发展前景较差。

与市盈率法不同，市净率法比较适合周期性强的企业，如银行业、保险业的企业等。其优点是，每股净资产相对稳定和直观。即使对于每股价值收益为负值的公司，或者非持续经营的公司，此方法仍然适用。

但市净率法也有其缺点，根据会计制度规定，资产的账面价值等于最初的购买价格减去折旧。但资产的账面价值可能无法准确反映其真实价值。例如，一些固定资产如厂房、设备等，在账面上可能按照历史成本计价，但由于技术更新或市场需求的变化，其实际价值可能已经大幅降低。

事实上，没有一种估值方法是"万能"的，在现实中需要根据不同行业、不同经济周期有的放矢地运用。并且，估值更追求"模糊的正确"，过于追求精确度反而适得其反。因此，很多时候估值被称为是一门艺术，需要投资者在其中找到平衡。

● 债券投资。

债券是一种有价证券，是社会各类经济主体为筹集资金而向投资者出具的、承诺按一定利率定期支付利息并到期偿还本金的债权债务凭证。债券的基本要素包括：票面价值、到期期限、票面利率、发行人名称。对于投资者来说，债券的支出是购买其花费的价格，收入是未来一系列现金流的组合，因此它是一种成本收益相对确定的证券资产。

从分类上看，按照发行主体不同，债券可分为政府债券、金融债券和公司债券；按偿还期限分类，债券可分为短期债券、中期债券和长期债券；按债券持有人的收益方式分类，债券可分为固定利率债券、浮动利率债券、累进利率债券和免税债券等；按计息与付息方式分类，债券可分为息票债券和贴现债券；按嵌入的条款分类，债券可分为可赎回债券、可回售债券、可转换债券、通货膨胀联结债券、结构化债券。

债券还可按交易方式分类：银行间债券市场的交易品种有现券交易、质押式回购、买断式回购、远期交易、债券借贷；交易所债券市场的交易品种有现券交易、质押式回购、融资融券；商业银行柜台市场的交易品种是现券交易。如果按币种划分，中国的债券类型可分为人民币债券和外币债券。

从定价看，债券价值＝息票的现值＋面值的现值，即：

$$P = \frac{PMT}{(1+YTM)^1} + \frac{PMT}{(1+YTM)^2} + \cdots + \frac{PMT+FV}{(1+YTM)^N}$$

其中，P 为债券的价格；PMT 为债券的票面利息；FV 为债券的面值；N 为债券的期限；YTM 为到期收益率，由无风险利率和风险溢价决定，无风险利率又和宏观经济、货币政策等相关。风险溢价则受到通胀水平、信用等级、流动性、赎回风险、纳税属性等因素影响。

● 商品投资。

大宗商品是指具有实体，可进入流通领域，但并非在零售环节进行销售，具有商品属性，用于工农业生产与消费的大批量买卖的物资商品。它通常可以分为四类，包括能源类、基础原材料类、贵金属类和农产品类。

大宗商品的投资方式包括直接购买大宗商品实物、购买资源或者购买大宗商品相关股票和 ETF 基金、投资大宗商品衍生工具等。从投资角度看，它具有高波动性、抗通胀、多元资产配置等特点。投资者在进入大宗商品市场之前需要关注多个要素：

（1）供需关系。供需关系是决定大宗商品价格波动的根本因素，需要同时关注需求、供给和库存水平。当供应量大于需求量时，商品价格往往会下跌；反之，需求量超过供应量时，价格则会上涨。

（2）宏观经济。宏观经济对大宗商品的需求有着显著影响。工业生产扩展、消费需求增加会推动大宗商品价格上涨；而当经济收缩、需求下降，价格则可能下跌。需要关注经济增速、通货膨胀率等指标。

（3）货币政策。央行的货币政策，尤其是利率调整，对大宗商品价格有直接影响。低利率环境下，资金成本降低，投资者更倾向于投资大宗商品等实物资产，从而推高价格。相反，高利率环境下，资金成本上升，投资者可能减少对大宗商品的投资。

（4）季节性因素。许多商品，如农产品和能源产品，受季节性因素影响显著。例如，冬季对取暖油的需求增加，可能导致其价格上涨。

（5）政策与法规。政府的政策调整和法规变化也会对商品市场产生重大影响。

● 现金。

持有现金也是一种常见的策略。虽然很多时候会被忽视，或者被误认为"浪费机会"，但实际上，有时候空仓持有现金，反而是伺机而动的好策略。持有现金的意义包括：

（1）流动性管理。现金是流动性最高的资产，可以迅速转换为其他资产或用于支付紧急费用。

（2）风险管理。在市场波动或不确定性增加时，持有现金可以减少投资组合的波动性，降低风险。

（3）再投资能力。持有现金为投资者提供了再投资的能力，当他们发现新的投资机会时，可以迅速行动。

主要投资方法

（1）自上而下的投资方法。

顾名思义，自上而下的投资方法在操作上从宏观层面入手，然后逐步细化到中观、微观层面。这种方法遵循"宏观—行业—个股"的顺序，其内在逻辑是基于宏观经济因素会对市场和行业产生重大影响，投资者应该首先分析宏观经济，然后在宏观经济的背景下选择表现可能较好的行业，最后在选定的行业中挑选具体的投资标的。以下是自上而下的投资方法的主要步骤：

首先进行宏观经济分析，研究全球或特定国家的经济状况，包括经济增长、通货膨胀、利率、货币政策、财政政策、汇率等因素。

接着选择地区和国家，即基于宏观经济分析，投资者选择具有最佳经济前景的地区或国家进行投资。

然后在选定的地区或国家内，分析各个行业的前景，包括行业增长潜力、行业周期、竞争格局、政府政策、技术进步等因素。

最后落脚在公司分析。在选定的行业内，进一步分析具体的公司，评估公司的财务状况、盈利能力、成长潜力、管理团队、估值水平等。

自上而下的投资方法要求投资者具备较强的宏观经济分析能力，并且能够预测宏观经济变化对不同行业和公司的影响。这种策略的优点是能够捕捉到宏观经济趋势带来的投资机会，但缺点是可能忽视某些微观层面的优质投资标的。此外，由于涉及的宏观变量较多，且变量之间会互相影响，结果存在较大不确定性。

（2）自下而上的投资方法。

与自上而下聚焦宏观、再到行业、从一个高成长性的行业中去寻找具体公司的分析方法不同，自下而上的投资方法是一种侧重于分析个股，淡化宏观经济周期和市场周期重要性的投资策略。在自下而上的投资中，投资者更关注公司本身，而不是公司所在行业或整体经济状态。这种分析方法的核心是希望找出在任何情况下都能跑出超额收益的好公司。

一般而言，自下而上的投资方法主要关注：个股分析，特别是公司的基本面情况，包括财务状况、盈利能力、成长潜力、管理团队、市场地位等；财务报表分析，深入分析公司的财务报表，包括利润表、资产负债表和现金流量表，并进行财务比率分析；估值分析，评估公司的估值水平，如市盈率、市净率、企业价值倍数等，以确定股票是否被高估或低估；成长性评估，分析公司的成长潜力，包括收入增长率、盈利增长率和市场份额的变化；竞争优势分析，考察公司是否具有持续的竞争优势，如品牌、专利、成本结构、分销渠道等。

（3）技术分析。

技术分析是指通过研究金融市场的历史信息来预测股票价格的趋势。它只关心证券市场本身的变化，而不考虑基本面因素，主要通过股价、成交量、涨跌幅、图形走势等研究市场行为，以推测未来价格的变动趋势。这一方法被广泛应用于股票、外汇、商品等金融市场。

技术分析需要基于三项假定，即市场行为涵盖一切信息、证券价格沿趋势移动和历史会重演。它认为通过研究价格和交易量的历史模式，可以预测未来的市场动向。该方法虽然在实际运用中经常失效，其前瞻性也受到质疑，但还是受到许多交易者和投资者的偏爱。它可以作为一种有效的工具，帮助他们做出理性的交易决策。

技术分析中有一些方法颇受投资者欢迎。比如：

指标分析法：通过建立数学模型，计算技术指标值，这些值反映了股票市场的某个方面的内在实质；常见的指标包括相对强弱指标（RSD）、随机指标（KI）、趋向指标（DMI）、平滑异同移动平均线（MACD）、能量潮（OBV）等。

形态分析法：通过分析股票价格图表中的形态来预测未来的价格趋势。常见的形态包括 M 头、W 底、头肩顶、头肩底等。这些形态反映了市场行为，可以帮助投资者判断市场环境。

K 线分析法：通过分析 K 线图来预测市场趋势。K 线图结合了开盘价、最高价、最低价和收盘价，能够直观地展示市场的买卖力量对比。

波浪分析法：根据市场价格的波动规律，将市场行情分为不同的波浪，通过分析这些波浪来预测市场的趋势。波浪理论认为市场价格的波动遵循自然的周期性规律。

切线分析法：通过绘制切线来分析股票价格的趋势和支撑阻力位。切线法包括趋势线和通道线，帮助投资者识别市场的支撑和阻力区域。

（4）行为金融学。

行为金融学作为一门新兴的学科，在近些年动荡的金融市场中，受到了越来越多的关注。本质上，它是一门结合了心理学、社会学和经济学的交叉学科。

行为金融学是衡量投资者行为和观察这些行为在金融市场中的影响的一个金融学领域。对于存在的大量定价异常，个人的行为尤其是认知偏差，是一种可能的解释。更广泛地看，行为金融学致力于解释为什么个体会做出这样那样的决策，这些决策是理性的还是非理性的。这个领域中多数工作的重点在于研究影响投资决策的认知偏差。与传统的有效市场假说不同，行为金融学探讨了多种认知偏差和情绪偏差。这些偏差会导致投资者做出非理性的决策，包括过度自信、损失厌恶、确认偏误、代表性启发、锚定效应等。

行为金融学在金融市场中有广泛应用，特别是在投资实战中，有助于更好地理解市场异常现象，如股市泡沫、崩盘、过度波动等，并为投资策略和风险管理提供新的视角。它对传统金融学无法解释的现象进行拆解和分析，通过借助其他社会科学的观点来研究投资者的决策行为及其对资产定价的影响。此外，它也为金融产品设计、市场监管和投资者教育提供了决策参考。

第二章

情绪：投资的助攻，还是拖累？

要想在一生中获得投资的成功，并不需要顶级的智商、超凡的商业头脑或秘密的信息，而是需要一个稳妥的思考框架作为决策的基础，并且有能力控制自己的情绪，使其不会对这种思考框架造成侵蚀。

——巴菲特

在前一章，我们着重论述了投资的本质以及专业能力对投资的影响。在这一章，我们将重点关注情绪这个变量。相对于专业能力而言，情绪这个变量更不可控，涉及生物学、心理学和社会学等多个层面。目前科学上已知，情绪的产生与大脑的多个区域有关，包括杏仁核和海马体等。但是人类对于大脑的探索还有很多未知的空间，至今我们还无法完全理解潜意识层面的东西。而情绪的反应往往是自动和快速的，在我们意识到之前已经发生。

事实上，情绪是由多种感觉、思维和生理反应组成的复合体验。这种复杂性使得情绪很难从源头上找到激发的原因。不知其因，又如何能知其果？因此，当我们深陷于某种强烈的情绪时，理智让我们意识到应该要摆脱情绪的束缚，但在实操中却毫无招架之力，甚至越是抵抗，越是深陷其中。

在投资上，情绪这个变量更为复杂。一方面，当面对自身情绪时，我们经常束手无策。另一方面，情绪会在个体之间传播，产生羊群效应，导致群体性情绪爆发。而要做好投资，既需要你关注趋势，理解大多数人的所思所想，又需要你与众不同，不能人云亦云，被群体性的情绪所蒙蔽。

因此，当群体性事件发生，你先要试图理解当下大部分人的情绪，然后观察自己的情绪，再设法跳脱出来，将自己与绝大多数人隔离开，以一种更为冷静、理性的态度去面对投资，才有可能获得投资的成功。在这个过程中，理解群体情绪，观察自身情绪，再将两者区分开，每一步都困难重重。"千万年来的人类生存经验，让合群刻在了我们的基因中。但投资却要我们与众不同。"

法国社会心理学家古斯塔夫·勒庞在其著作《乌合之众：大众心理研究》中，最早提出了群体心理的概念。勒庞认为，组成群体的每一个个体，会因为群体的影响而表现出与个人独处时不同的心理状态和行为倾向。个体在群体中会失去自我意识，容易受到情绪的传染和暗示，从而采取与平时不同的行动。其心理特点包括从众行为、社会影响、去个性化、群体极化和群体思维等。

在群体中，人云亦云是最安全的策略。只要和别人一样，就不会犯错。即使错了，也不是"我"的问题。此时作为个体的"我"，就不会被视为另类。因此，当群体聚集在一起时，人们很少用理性思考，也几乎不会深究背后的原因，更不会提出质疑，而只会任由情绪摆布，盲目追随被群体认可的观点。尤其是当群体成员足够多的时候，这种盲从的情绪就越强烈，最终导致群体行为趋向一致并走向极端。

由此可见，群体天生就是不稳定的，处于均衡的时间极短。就如同钟摆一样，在绝大多数时间，都会以均衡点为中心，在极限的两端来回摇摆，而弧线真正划过中心理性点的时间极其短暂。最终导致市场要么恐惧，要么贪婪，在暴涨暴跌中周而复始。美国著名金融家伯纳德·巴鲁克（Bernard Baruch）曾经引述德国剧作家席勒的名言来描述群体心理："作为个体，任何人都还算理智；但是作为群体的一员，他会立刻变成傻瓜。"

我们常说，知己知彼，百战百胜。而在投资市场，我们既要做好自身的情绪管理，又要从群体性情绪中抽离出来，看起来难上加难。

对于情绪管理的方式，也存在不少误区。大多数人面对情绪的第一反应是抑制情绪，但实际上，正如前文所述，情绪无法被抑制。情绪管理的目的是消除情绪对专业的干扰，让专业发挥其本来的作用，而不是受到情绪的裹挟，导致专业能力的发挥大打折扣。

本章将抽丝剥茧讲述情绪对投资的影响，帮助我们理解情绪、管理情绪，并最终做好投资。

● **当我们被情绪劫持时**

很多专业投资人士在面临市场极端恐慌或者亢奋的

时候，都会做出一些"迷失自我"的决策：处于明显的底部却不敢加仓；明明市场风险已经积聚到了极限，却贪恋最后阶段的涨幅，不舍得减仓；当事先设置的止损、止盈条件被触发时，却置若罔闻，不愿意执行，并心存侥幸希望这次不一样……事后，当他们冷静下来，也会懊恼万分，对自己当时的行为感到不可理喻。

投资自然不是一件简单的事。立足当下，面对未来，涉及多个变量，充满不确定性。但归根结底，投资只涉及两件事：何时买入和何时卖出。然而，这看似简单的两件事却暗藏玄机，可以拆分成很多具体、细致的步骤。买入本身虽然只是一个简单的动作，任何人只需网络和手机就可以完成操作，但是何时买入需要各种专业知识作为决策依据：价值投资者计算未来现金流折现是否与当前价格有偏离，技术分析派等待"放量突破"或者特定图形的出现。即使买入的各种条件都已满足，如何买也颇为复杂。建立多少仓位？是直接把仓位建满，还是分批建仓？建仓后亏了怎么办，是立即止损还是持续观察？诸如此类，涉及诸多进一步细化的决策，而每一个步骤都有可能被情绪裹挟，让人做出完全不同的投资决策，最终导致完全不同的投资结果。

以下，我们列出了十种常见的非理性投资决策。也许读者们或多或少都可以从中看见自己的影子，并以此为戒。

1. 进场模式良好，但出于对亏损的恐惧，操作犹豫不决，不敢建仓

恐惧永远是投资中最令人困扰的情绪之一。或许是出于生存的本能，我们倾向于去做确定性高的事情，从而能对事物的发展有掌控力。相反，在面对不确定性时，我们会犹豫不决，害怕损失。在投资中，恐惧往往会导致投资者错失良机。即使万事俱备，只欠仓位时，我们仍然会担心市场再次下跌，从而与盈利擦肩而过。

但投资本身就是不确定的，没有人能告诉我们会发生什么，也没有所谓完美的时机。一个良好的建仓条件也仅仅意味着此时买入赚钱的概率较高，而不一定等同于盈利。我们能做的只能是提升专业水平，提高盈利的概率。

即使已经决定建仓，如何建仓、按何种节奏建仓仍然困扰着很多投资者。艺高人胆大的投资者，在面对非常好的市场机会时，敢于下重注。《金融怪杰》的作者在

访谈了多名优秀的交易员后，总结道："我发现许多杰出的交易者都具有这样一个特点：当他们觉察到胜算很大的交易机会时，他们愿意并且能够下重注，敢于重仓出击。在正确的时候，是否具有下重注的胆量和所需的技能，能否抓住大行情的机会加快盈利的步伐，这是区分交易者属于一流还是超一流的方法之一。"

但对于大多数投资者而言，内心的恐惧很难抑制。在这种情况下，也无需勉强自己。比如，可以采用倒金字塔式的建仓方法，分批买入，再根据市场的走势，调整建仓计划。如果情况不佳，就止损卖出；而如果市场走势验证了期初的建仓逻辑，那就逐渐加大头寸。

恐惧无法克服，但我们可以通过不同的方法应对恐惧。

2. 进场模式良好，但由于过去几单交易亏损了，不敢进场

心理学中有一种被称为"近因效应"的现象，指人们对于最近发生的事件或信息会更在意，而忽视或低估较早前发生的事件或信息。这意味着，当人们做决策时，近期的信息或经验的影响会更大，而较久远的信息或经

验的影响力较弱。

近因效应会对投资者的交易行为产生很多影响。比如，近期某个进场模式取得了成功，投资者很可能对这个进场模式抱有更大的信心，当市场再次出现类似的机会时，就会毫不犹豫地复制之前的策略，而不去深究近期进场模式的成功是因为运气加持，还是市场环境变了或者策略本身的有效性提升了。相反，如果近期某个进场模式产生了连续亏损，交易者会对类似的模式心存芥蒂，面对下一次交易时，也会畏首畏尾，不敢进场。即使这几次的亏损并非由于策略本身有缺陷，而纯粹出于概率、运气不好的原因，他们也一样踌躇于出手。

面对这种情形，我们需要再度切换到概率思维。从概率上看，每一次的交易都是独立事件，彼此之间并无关系。前一次的盈利并不必然带来下一次的盈利，前一次的亏损与下一次亏损也没有相关性。因此，当受到近期亏损的影响而踌躇不前时，我们首先要确认建仓策略本身有无缺陷。如果策略本身仍然有效，亏损只是由于运气不好，那我们就需要有"翻篇"的能力，把每次的投资都当作一次独立的交易。放下过去亏损的阴影，不带偏见地去迎接下一次崭新的、独立的交易。

3. 建仓时点很好，但略有盈利后，就过早获利平仓

"拿不住"一直是困扰投资者的一个重要问题。投资是一个概率游戏，胜率很重要，赔率也同样重要。从定义上看，胜率是指正收益的概率，它衡量了我们在所有交易中获得利润的次数与总交易次数之间的关系；赔率则是盈亏比，通常指的是每笔成功交易的平均收益与每笔亏损交易的平均损失之间的比例。高胜率往往意味着赚钱概率更高，但不代表赚钱金额多。高赔率则意味着潜在风险虽然更大，但每次成功的交易可以带来更多的收益。

在现实中，我们会发现，一个在胜率上达到70%—80%的投资者，其最终投资业绩可能比不过一个胜率不足50%的投资者。两者的差异就在于如何面对一笔已经实现盈利的交易。是落袋为安，还是持续持有？假设10元钱买入一只股票，涨到11元，虽然已经实现了10%的盈利，但是从股票基本面看，如果其高速增长的业绩仍然支持股票价格继续上涨，那为什么不继续持有，继续获取收益呢？事实上，在实际情况中，很多人在略有盈利后，就急于平仓，保护盈利。尤其是对于前期遭遇过亏损的人来说，落袋为安的需求更迫切。而真正能赚大钱的投资者，则有定力拿住盈利的头寸，让盈利奔跑起来。

处置效应是行为金融学中的一个名词，专门用来解释这种持亏售盈的行为。它指的是投资者倾向于过早地卖出赚钱的股票，而持有亏损的股票，希望未来能够"解套"。这意味着当投资者处于盈利状态时是风险回避者，而处于亏损状态时是风险偏好者。从实践经验看，投资者或多或少都有持有亏损头寸，而抛售盈利头寸的倾向。但投资是一件面向未来的事情，股价当前阶段上涨不代表未来就不涨。股票的价格是基于股票的内在价值，加上情绪的催化，最终能涨到多少和已经涨了多少并无相关性。尤其是当中长期趋势形成，很难在短期内改变时，紧随趋势，选择阻力最小的方向是获取投资成功的关键之一。从理性的角度看，处置效应对长期投资回报会产生负面影响。过早平仓会使我们错过趋势最强的阶段，也与股价增长最快的美好时期擦肩而过。理性的投资者应该是基于资产价格的未来预期，做出买卖决策，而不是因为买入后的盈亏或者前期的盈亏情况导致情绪上的波动，才做出决定。

4. 死守亏损头寸，苦苦等待"解套"

与"拿不住"相对应的，则是对于亏损的头寸我们反而非常"拿得住"，也就是处置效应在亏损时的表现。尤其是对于普通投资者而言，赚一点钱就跑、亏了就长期持有不动基本是一种常态，这导致他们在市场上很难赚到钱。市场从顶部首次下跌时，我们通常还信心满满，认为是市场正常的波动，不愿卖出。继续下跌时，我们虽然已经有些担心，但依然坚信这只是一次较大的调整，后续仍会恢复上涨趋势。直到持续下跌时，我们最终心如死灰，面对巨额亏损甚至都不愿意再看一眼，而任凭其缩水，仿佛不看，损失就不存在。

在这一过程中，投资者存在着心理认知失调的现象，不愿意承认错误或不愿意面对亏损的现实，选择继续持有亏损的股票。浮亏不是真的亏损，而一旦卖出了，浮亏也就变成了实际亏损，因此宁愿持有亏损股票，给自己一个不真实的希望。这大概是此时投资者最真实的心理写照，自欺欺人却可以安抚自己的懊恼与痛苦。

除了不愿面对亏损的认知障碍，通常情况下，同样金额的盈利与亏损带给我们的快乐与痛苦是不对称的。根据诺贝尔经济学奖得主卡尼曼的前景理论，损失对人的心理造成的痛苦程度是同等幅度收益带来的喜悦程度的 2.5 倍。大多数人在面对收益时是风险规避的，但在面对亏损时却是风险偏好的。因此，人们会不自觉地放大亏损，这也导致人们更加"亏损厌恶"。为了避免更大的痛苦，我们在持有亏损头寸的时候，反而更"拿得住"。但投资不是一个自欺欺人的游戏。最终的盈亏数字并不会因为我们的主观感受而发生改变。直面亏损是一件必然会发生的事情。能够帮助我们减少亏损的只有专注于市场本身，并在必要的时候，做好止损。亏损的时候尽量少亏一点，才能有更多的本金在未来去获取更多的收益。

5. 亏损之后反而变得更加激进，指望市场反转

当我们在投资市场上赔钱后，心有不甘是一种非常普遍的心态。毕竟，每一个参与投资的人都希望通过投资实现财富增值，甚至财富自由。而当现实情况与预期产生差异时，很少有人能平心静气地接受亏损，并且不失偏颇地反思自身不足，更多时候会将亏钱归因于时运不佳。处于这样一种心态下，想要挽回损失的念头就挥之不去，寄希望于下一次能够有好运气，把之前输的钱赢回来。但前期亏损已经造成，要想在短期内弥补亏损并实现盈利，只有投入更多资金，或者冒更大的风险。尤其是在巨额亏损后，那种迫切想要翻本的心态更加急

不可耐。此时，理性和客观早已荡然无存，"杀红了眼"的人将所有的风控措施抛之脑后。亏损越多，反而越愿意承担风险，寄希望于通过最后一搏来改变命运。

但是，越是绝望的时候赌注越大，由此造成的损失也越大。我们经常会在投资市场上听到一些一夜暴富的传奇故事，激励着每一个急于翻本的赌徒。但传奇之所以是传奇，就在于它不具有普遍性、可复制性。投资不是赌博，在没有充分分析的情况下做出冲动的、想要翻本的决策，往往是非理性的。此时，他们往往会忽视基本面。为了迅速获得回报，投资者可能会选择高风险的投资项目，这增加了损失的可能。所谓欲速则不达，投资亦如是。

6. 某一天获利甚丰，于是信心大增，投资业绩却变差

当在某天的投资中获利颇丰，尤其是盈利超出预期时，人们会倾向于承担更大的风险。一方面，此时投资者自信心爆棚，认为自己的能力受到了市场的额外嘉奖。过度自信来源于我们对某些事物非常确定的时候。因此，当一只我们深入研究的股票如期上涨，并且超过心中的目标价时，我们会把盈利归为自己能力的体现。实际上，最危险的倾向恰恰是我们不再持有谨慎的态度，自认为

完全了解某些事情。当我们对某些事情极其有把握的时候，反而是我们最容易犯错的时候。

另一方面，股价超越目标价的那部分很容易被认为是"意外之财"。既然是意外之财，我们就没有那么审慎，就会倾向于去承担更大的风险，买入更高风险的股票。即使可能导致亏损，也无所谓，觉得失去的只是"意外来的钱"，而非自己本来的盈利和本金。

由此可见，钱来得太快并不一定是好事，尤其是在我们还没有准备好的时候。处于这样的状态下，投资者无法客观评估概率，无法区分盈利中哪一部分是归功于能力，哪一部分是属于运气。我们不仅会对市场的认知有失偏颇，对自己的能力、对风险的偏好也会出现错误估计。一个好的决策需要具备两个条件：获得正确、客观的事实，以及认识到认知的局限性。尤其是后者，它是确保长期盈利的关键。因此，面对额外的盈利，反而更需要小心谨慎。

7. 行情突然启动时，即兴交易

市场有时也会给我们惊喜，行情毫无征兆地启动了。但是惊喜不代表一定能盈利。此时，投资者尚未做好准备，对市场启动的内在逻辑也并不知晓。在没有既定计划或者应对策略的情况下进行交易，很容易被市场情绪裹挟。有时候，踏空比亏钱更令人难受。眼睁睁地看着市场上涨，看着别人账户上的盈利大幅增长，自然也不甘落后，此时贪婪的本性便涌起了。而一旦起了贪婪之心，投资决策必然不再理性。

除了情绪的影响外，面对突然启动的行情，即兴交易也会打破我们既定的投资计划，使自己暴露在额外的风险中。由于缺乏预先的风险管理和资金管理计划，加上没有固定的交易策略或规则，即兴交易可能会偏离原先的交易模式。我们之前说过投资是一种概率游戏。胜率建立在同一种策略、同一种交易规则的前提下。而即兴交易偏离了原先的概率分布，相当于进入了一个新的概率分布，充满未知。在没有进行充分的市场研究的情况下，基于不完整或错误的信息，或许可以凭运气赚到一点钱，但最终大概率都会还回去。

因此，面对突如其来的行情，不应盲目追高，而应该克制住自己即兴交易的冲动。先确认行情启动的逻辑是否在自己的认知范围之内，然后再立足自身的认知，伺机而动。

8. 罔顾审慎管理资金的原则，仓位过于集中

高手敢于下重仓。但是事情无绝对，重仓的另一面意味着仓位过于集中，风险较大。对于一个专业能力尚未达到炉火纯青地步的投资者而言，罔顾审慎管理资金的原则，仓位过于集中，则会增加风险。

这一方面是由于贪婪作祟，仓位集中意味着一旦市场配合，整体涨幅会非常可观。而另一方面通常是过度自信导致。本质上，过度自信是一种认知偏差。当我们在一笔交易中赚到钱后，对自己的能力有不切实际的乐观估计时，或者对未来有不切实际的乐观预估时，就很容易陷入过度自信的误区，从而将资金过度集中在少数几只已经实现盈利的股票或资产上。

道氏理论的奠基者查尔斯·道（Charles Dow）曾经说过："过度自信令华尔街蒙受的损失大于其他所有错误观点之和。"此时，我们无法客观评判自己的专业能力，也无法用理性的方式去预判市场的走势。我们只关注支持自己观点的信息，忽视或拒绝与自己观点相悖的信息；同时，也会过度依赖过去的经验。即使过去的经验可能并不适用于当前的市场环境，也仍然以往的成功经验马首是瞻。

投资的难点就在于没有一条放之四海而皆准的准则。缺乏自信会导致我们错失投资良机；过度自信也会增加投资风险，导致非理性决策。如何根据市场走势，及时调整情绪，找到一套适合自己的方法，是每个人都需要修炼的功课。

9. 既定策略被市场验证是错误的，导致亏损，却不愿意止损，仍然想要证明自己是对的

从定义上看，投资是投入当前资金或其他资源以期望获取未来收益的承诺行为。因此，获取收益是投资的根本目的。但是在很多时候，投资者会将证明"自己正确"的优先级摆在赚钱之前。

古希腊哲学家埃皮克提图曾说："人害怕的其实是自己对事物的看法，而非事物本身。"作为群体性动物，我们做某些事情，常常以获得他人的认同为首要任务。别人的赞美或者崇拜，会令我们觉得自己是个大人物而心情愉悦。相对应地，别人的轻视或不满也会导致我们的行为偏离理性的轨道。在很多人心中，证明"自己是对的"比在市场中赚钱更重要，因此会将更多注意力放在他人对自己的观点或评价上，而忽视了最根本的市场走

势。所以，当市场走势偏离预期时，他们不愿意止损。此时，投资决策与个体的自我认同感、自我价值感捆绑在一起。一旦止损，就相当于承认自己错了，也就可能会被视为个人失败。

然而在实际投资中，即使是顶级的投资人，也会面临预判出错、造成亏损的问题。对他们而言，承认错误，并迅速从错误中抽离出来，才是最关键的。在投资中，市场波动常常出乎我们的意料，长期生存是成功的关键，而止损策略是让自己在投资市场上长期生存的关键。无关乎尊严，只关于生存。只有活下来，才能赶上下一波机会，获得盈利。

10. 复盘历史行情时，觉得到处都是机会，但在现实中却很难赚到钱

当复盘历史行情时，我们经常会觉得"遍地是黄金"。市场底部、顶部都非常清晰，一目了然。什么时候建仓，什么时候平仓，都明明白白地展现在历史价格图里。然而，在现实中，即使类似的行情再度重演，真正能按图索骥买入卖出，并最终赚到钱的，仍凤毛麟角。

究其原因，这是由于当可能发生的事情变成已经发

生的事情后，人们会认为两者是一一对应的。当我们复盘时，所有的信息都是已知的，会有一种市场行为是确定的错觉，认为市场后续的走势是必然发生的。而实际上，市场是充满不确定性的。在我们处于昨日的市场时，今天的结果只是可能性之一，而不是唯一的，不存在一一对应的关系。同时，人们倾向于记住自己正确的预测和成功的交易，而忽略或忘记错误的判断和亏损的交易。我们会选择性地去关注和结果有相关性的变量，而忽视了在彼时没有影响，但在另一个场合可能有决定性作用的变量。

你或许会说，后见之明并不影响我们的投资结果，只是对过去的事件做了个不客观的评述。但是回顾过去是为了更好地应对未来。当用选择性偏见、后见之明的观点去复盘历史时，我们很可能失去了客观、理性的立场。在应对未来市场波动时，将复杂的事物过度简单化，忽视可能有重大影响的变量，将可能导致最终的交易策略不符合未来市场特点，造成亏损。

● 情绪都是坏的吗？

前述被情绪裹挟后做出的非理性决策，相信每位投资者都或多或少遇见过。既然情绪会扰动我们的投资决策，甚至在某些时候让专业能力完全归零，我们很自然地会将投资过程中出现的情绪归为不好的、负面的东西。

但实际上，情绪只是大脑对外界事件、思想或记忆的反应。无论是愤怒、忧伤还是喜悦，当某一种情绪突然冒出来的时候，它本身都是中性的，没有任何偏倚。是我们给它贴上了一个好或坏、对或错的标签。是我们赋予了它们某种意义，是我们有倾向性地逃避或者靠近它们。

从科学的角度看，情绪的产生是一个复杂的神经生物学过程，涉及多个大脑区域和神经递质的相互作用，主要包括认知过程、生理状态和刺激因素。当外部事件或内部生理状态触发刺激时，这些刺激被感官接收，并首先被传递到大脑的感觉处理区域，如负责处理视觉的枕叶、负责处理听觉的颞叶等。随后，感觉信息被传递到边缘系统，特别是杏仁核，进行情绪识别。杏仁核将会对情绪刺激进行快速评估，判断其是否具有情绪意义。一旦识别出情绪刺激，杏仁核会激活下丘脑和其他相关脑区，引发情绪反应。这个过程是高度动态和相互作用的，不同的情绪和情境可能涉及不同的脑区和神经递质。

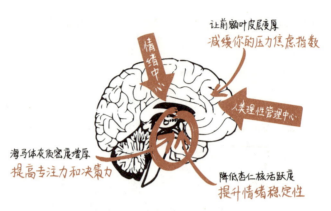

图 2.1　不同脑区各司其职

　　因此，只要我们的大脑还在正常运行，就不可避免地会产生情绪。只要我们还作为个体存在于这个世界上，情绪就会伴随我们左右。

　　18 世纪苏格兰哲学家大卫·休谟（David Hume）说过："单纯的理性根本不可能成为任何意志行动的动机。"如果从进化论的角度思考，"感觉"才是原始动力。情绪有着进化上的意义，它不仅无法被规避，更不应该被简单粗暴地规避。

　　情绪虽然在很多时候会使我们的行为偏离理性，但其本身是中立的。在某些场合，情绪的价值超越我们的认知。比如，情绪可以作为一种快速反应机制，帮助我们对环境做出快速决策。恐惧可以帮助我们避开危险，而快乐可以激励我们追求有价值的事物。再比如，情绪体验可以增强记忆力，特别是对于与强烈情绪体验相关的记忆。我们关于某些人生挫折或者失败的记忆往往更为深刻，彼时强烈的情绪能将当时接收到的经验教训牢牢印刻在脑海中。这有助于我们从经验中学习，并在未来做出更好的选择。

在投资市场，情绪也有着非凡的意义。例如，情绪可以帮助我们识别趋势。虽然每一次的市场泡沫都是由狂热的市场情绪将行情推上高点，然后画上休止符，但是市场从底部脱离，到真正见顶，会有非常长的一段上涨区间，即所谓"鱼身最肥美的一段"。此时，情绪并不是一个反向指标，而是一个非常重要的、佐证观点的正向指标。当市场刚刚启动时，市场情绪的影响尚未走向极致，大多数人的情绪是可以正确反映市场走向的。比如前文中提到的美国"漂亮50"，期初它的确由于基本面良好、估值合理而受到市场的追捧。投资者逐渐发觉"漂亮50"的价值，从而买入。股价也逐渐从价值低估转向价值发现。此时，需要仔细观察和关注大多数人在干什么，理解市场的主流观点，市场的主流观点是形成趋势的先决条件。

而跟随趋势，是获取投资收益非常重要的一环。通常情况下，先要跟随趋势抵达波峰，然后再逆势而动。只有在市场情绪真正达到极限点时，再做出关键一击。这才真正做到了"别人恐惧我贪婪，别人贪婪我恐惧"。而在此之前，不应和趋势作对，不应和市场情绪作对。你不能、也无需永远做一个逆行者。

除此之外，当你处于平静而稳定的情绪状态下，注意力更容易高度集中，从而达到一种忘我的心流状态。为什么做某些事时会感到更快乐？为什么有时候沉浸于一件事会让人觉得时间飞快？为什么我们有时候会陷入一种神奇的忘我状态？"将个人精神完全投注在某种活动上的状态；为了获得这种会带来巨大愉悦感的体验，人们甚至不惜付出高昂的代价。"《心流：最优体验心理学》(*Flow: The Psychology of Optimal Experience*) 作者米哈里·契克森米哈赖，将这种奇妙的境界称为"心流"。即，一个人完全沉浸在某种活动中，无视其他事物存在的状态，达到了一种极其专注、忘我的境界。这种体验本身会带来莫大的喜悦，使人愿意付出巨大的代价。诸如运动、游戏、艺术等，都有可能产生心流的状态。

　　类似的心流状态，在投资交易中也会出现。《100 倍超级强势股》的作者杰西·斯泰恩在书里写道："在研究超级强势股的漫长时光里，我频频处于这种状态中。这时的我会全身心地投入尽职调查的过程中，完全忘记了时间。处于'心流'状态时，一整天就如同白驹过隙，眨眼间就过去了。"在这样一种心流状态下，他能够在 28 个月内用 4.8 万美元在股市中赚到 680 万美元，也就不足为奇了。

　　情绪和心流的关系很像一对孪生兄弟，你中有我，我中有你，互相影响，互相成就。积极的情绪可以促进心流的产生。当个体处于积极的情绪状态时，更容易忘我地投入某项活动，从而进入心流状态。而心流的产生通常伴随着积极的情绪体验，如快乐、满足和成就感。这种积极的情绪反馈可以增强个体的幸福感和生活满意度。而处于心流状态下的个体往往情绪稳定，不易受到外界干扰，这有助于维持心流状态的持续。

　　在投资中，还有一个比心流更神奇的词——"盘感"，指投资者对市场动态的直觉或内在感觉。它是基于个人经验、市场观察和对市场行为的敏感性等因素，帮助投资者在没有完整信息的情况下做出快速判断。有时候，投资者在信息缺失的情况下，还没来得及弄清楚市场走势的内在逻辑，突然就感到灵光乍现，有一种市场会涨或者会跌的强烈直觉。这种神来之笔，虽然看上去像一种没有事实依据的玄学，但在实操中，很多投资高手都会有类似的"盘感"，而且在"盘感"驱使下做的决策，胜率非常高。索罗斯曾经也描述过自己的这种"特异功能"，每当他觉得有什么不对劲的时候，他就会莫名其妙地背疼。这种直觉不是基于逻辑思考，也不是基于数据分析，只是基于对市场走势的直观感受。他承认自己非常依赖这种"直觉"，并且很多时候，他的决策都是专业判断和"直觉"共同作用的结果。

那么，"盘感"和情绪又如何关联？"盘感"的产生和心流有类似的地方。根据定义，"盘感"是一种内在直觉。内在直觉不等于情绪，但是内在直觉必然是在情绪稳定的状态下才会浮现。投资者保持冷静，让自己的心静下来，外界纷繁杂乱的情绪就无法干扰我们的决策，而日积月累的专业能力在这样一种澄澈的状态下达到最高效率。此时，投资者对市场的一举一动极其敏锐，一些细微的变化都以一种非常清晰的方式展现，大脑中一些神秘的区域被调动了，在某种指引下，投资者仿佛预见到了未来。此时，"盘感"出现了。这里，我们也要区分"盘感"和冲动交易的差异。冲动交易更多是由情绪所驱动的，我们在前文中也有所论述。而"盘感"，更多是将情绪干扰摒除后，专业能力的最佳体现。

所以，情绪本身是中性的。如何管理情绪才是关键。我们孜孜以求的深沉的快乐、忘我的投入、不知缘由的"神来之笔"，都是严格的自律、聚焦的注意力、完善的情绪管理的结果。

让各种情绪穿过我，而不是困住我。情绪是情绪，我是我；看见山时，我已在山外。

● 投资中，几种适得其反的情绪处理方式

1. 抑制情绪

哈佛大学的心理学家丹尼尔·韦格纳（Daniel Wegner）曾经做过一个著名的白熊实验。实验者告诉参与者，他们将进行一个关于思维控制的任务。在这一项研究中，他们将被试分为了两组，要求第一组被试在五分钟内不要想白熊，并且每次想到白熊都要按铃。第一阶段过去后，进入第二阶段，在第二阶段时被试可以想任何东西，

包括白熊，同样需要在想到白熊时按铃。而第二组被试没有抑制阶段，也就是说第二组被试没有经历不要想白熊的阶段，在五分钟内他们可以自由表达。结果发现，被要求不要去想白熊的第一组被试在第二阶段时，脑中出现白熊的念头的次数显著高于第二组没有抑制阶段的被试。

白熊实验和本书开头中提到的"粉红色大象效应"有异曲同工之处。它们本质上都证明了，当我们越是不想要某种念头、情绪或者感受时，我们越是无法摆脱，越是会想起。

想象一下，当你下定决心想要减肥的时候，面对着巧克力、蛋糕的诱惑，那种冲动和渴望是何等煎熬。即使靠着顽强的意志力，暂时压抑了这种念头，没过多久，这个念头还是会卷土重来，甚至来势更为凶猛，直至你放弃抵抗。那些最坚定要减肥、对自己下手最狠的人很可能会半途而废，或者在暂时瘦下来以后，再次暴饮暴食。此时，被压抑的念头又赢了。事实上，很多健身人士在刻苦训练一段时间后，往往会通过有规律的放纵餐让自己有一个释放的出口，在"口腹之欲"得到满足之后，再回归有节制的健康餐。

因此，面对不想要的想法或情绪时，不要试图压抑或消除它们。弹簧压得越紧，反弹得越厉害。理性的做法是直面并接纳。不要立即做出应对，而是让自己平静下来，通过阅读、书写、去户外散步或者冥想等方法，转移自己的注意力，从而摆脱"白熊效应"带来的负面影响。

2. 抛弃情绪

人类天生有逃避困难的倾向，既然情绪无法抑制，那只能任由其发酵。但是，坦然接受"不想要"的负面情绪对绝大多数人而言，并非一件容易的事情。需要通过科学的方法和训练，才能真正达到心平气和、不为所动的境界。

既然最终是为了获取更高的投资收益，而投资收益又受到专业和情绪这两个变量的影响，如果抑制情绪实在找不到明确的路径，那么我们是否可以术业有专攻，聚焦专业这个变量，通过提高专业方面的努力，达到提高投资效益的目的？

顺着这个思考路径，我们自然会花更多的时间在研究分析上。关注更多相关的财经资讯，参与更多的行业、公司尽调，挖掘更多的公司基本面指标、技术分析指标等。然而，在投资行业，一分耕耘并不代表一分收获。尤其是在专业水平已经达到一定门槛后，努力有时候是徒劳的，甚至可能有负面作用。

首先，我们会面临信息过载的问题。所谓信息过载，也称为信息超载，是指个人或系统接收到的信息量超出了其处理能力，导致无法有效地筛选、理解和记忆信息。这种现象在现代社会中非常普遍，尤其是在互联网技术高度发达的今天，信息跨越了地域的限制和时差的阻隔，任何人在任何地方都可以得到自己想要的信息。一个研究员或者投资经理，从清晨睁开眼睛的那一刻起，就开始接受各类信息的轰炸。此时，他不仅无法处理海量信息，还可能面对无效信息或者虚假信息的负面影响，因此不仅要花时间去研读分析信息，还要花精力去甄别信息的真伪。由此陷入的一种繁重杂乱而无头绪的状态，最终导致压力倍增、注意力涣散，并最终扰乱投资决策。

其次，当我们越是精益求精的时候，越有可能沉浸在已有的信息中，从已知结论出发，倒推去找更多能够验证结论的证据。一方面，我们会更关注对自己有利的消息，用来验证自己的观点。忽略那些不利的消息，甚至在潜意识中去曲解这些证据。另一方面，自相关的干扰也会导致投资决策的偏离。如果多个指标都在衡量同一件事，关注再多的指标也是枉然。只有当多个指标衡量不同方面，才是对投资有帮助的。金融大鳄乔治·索罗斯（George Soros）曾经表示，交易者筛查数据，寻找证伪信息的能力，才是创造盈利的理性行为。反之，在信息茧房里原地踏步更多只是给予自己安慰，很难对投资有实质性的帮助。

基于上述两点，如果只将提高专业能力作为唯一的目标，很容易沉浸在已知的信息里，反复验证已知的结论，最终并不一定能够增加胜率。尤其是在市场情绪趋同的情况下，我们一方面被情绪裹挟，另一方面将注意力聚焦在已知的信息源上，很容易产生自我怀疑：为什么那么努力，仍然看不到投资业绩的提升？

3. 扼杀情绪

如果情绪不可抑制，"卷"专业能力的边际效用还在递减，甚至变为负值，那么似乎要解决情绪对投资决策的干扰，只剩最后一条路了：从源头上对干扰情绪的事件做一个了断。如果亏损让我们心绪不宁，那一旦产生亏损，我们就直接卖出平仓。如果涨势过于猛烈导致我们心绪不宁，那也立即卖出，落袋为安，保护已有的盈利。

按照这个操作思路，我们可能会发现这样一个结果。情绪的确很难干扰到我们了，但是投资收益却没了。从胜率上看，投资表现很不错；但是从投资绩效看，盈利水平却不尽如人意。一旦我们消除了投资中的不确定性，投资收益也就随之消失了。投资的本质是应对未来，投资收益是对不确定性的补偿。要面对不确定性，必然会有压力，会有负面情绪。几乎没有一个成绩斐然的投资者会将投资描述成一个令人愉悦、放松的过程。即使是久经沙场的老将，在做投资决策时，也无法从根本上规避这种不舒适感。面对不确定的未来，必然会有不安和忐忑。至多，只是程度的差异。因此，既想消除情绪的不适感，又想获取投资收益，就成了一个不能两全其美的选项。

第三章

投资场景中的情绪误区

行情在绝望中诞生，在半信半疑中成长，在憧憬中成熟，在希望中毁灭。

——约翰·邓普顿（John Templeton）

一个完整的投资周期，通常从少数先知先觉者发觉股票的内在价值低于价格开始。此时大部分投资者尚未从熊市的恐惧中恢复过来，面对唾手可得的投资机会却心存怀疑，不敢入场。而随着第一批投资者的买入，股价脱离底部，开始上涨。但是，由于前期熊市的惯性思维，有些人对上涨仍然心存疑虑，选择按兵不动。但也有一部分空头开始动摇，并最终倒向多头，这进一步刺激了股价的上涨。当越来越多空头倒戈多头，股市上升趋势开启，上涨成了大多数人的共识。此时，市场整体风险偏好程度快速上升，股价也从最初的价值发现转为非理性上涨，轰轰烈烈的牛市来了。全市场洋溢着乐观的气氛，每个人都成了"投资专家"，无论是在街边、餐厅还是公园，都可以听到所谓的专业人士对市场评头论足。

群体性认知达到空前一致，殊不知危险即将来临。再也没有新的买方来推动价格上涨，股价到顶了。当人们尚在憧憬市场新高时，股价掉头向下。但大部分投资者并没有将股价下跌和行情终结挂钩，只是侥幸地认为这是牛市中的正常调整。当股价进一步下跌后，起初的侥幸变成了怀疑。有些人选择清仓离场。但也有些人心有不甘，选择继续持有。当股价持续下杀后，投资者这才意识到市场真的变了。此时恐惧占据了主导，市场情绪再度趋于一致。所有人不顾成本地抛售，股价一泻千里。最终，熊市来了。没有人在意股票的真正价值，常识和理性都被抛之脑后。市场在绝望与恐惧中再次走向极端。殊不知，最好的投资机会即将来临，新的周期即将再度开启。

　　类似的投资周期一次又一次在现实中上演，伴随着恐惧、怀疑、乐观、亢奋、绝望等情绪此起彼伏。虽然身处当下，我们会对未来产生诸多疑惑，但实际上，每一次的投资周期都有很多共同点。不同的投资时点对应着不同的情绪误区。接下来，我们将截取六个经典的投资时点，逐一进行分析。

　　值得一提的是，在现实世界，市场走势不一定会按部就班走完这六个阶段。由于时代背景不同，每一次的行情都会有差异。有时候，不同阶段之间并没有明确的分水岭，市场走势甚至会跳过某个阶段，或者将某几个阶段合为一体。这也导致很多人面对新的历史进程时会

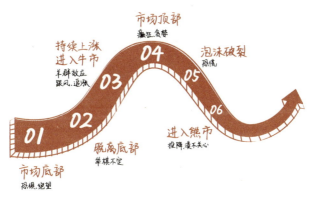

图 3.1　随市场走势变化的情绪

高呼"这次不一样"。然而，万变不离其宗。无论时代如何变迁，市场只要依旧是由非理性的人所组成，就会受到情绪的影响，并最终从无人问津时的绝望走向众望所归时的亢奋。

● 时点一：市场底部

情绪特点：恐惧、绝望

市场底部永远是充满恐惧和绝望的。恐惧与生存本能紧密相关，千百年来刻在我们的基因中，是一种比贪婪更为强烈的情绪。而黎明前的黑暗往往更令人心有余悸。在真正的市场底部，当所有人都放弃抵抗，认为"跌无所跌"之时，通常还会有一波更猛烈的下跌，以宣泄情绪，出清最后的尾部风险。此时，已然脆弱不堪的市场情绪更是雪上加霜。很多在前期下跌中咬牙坚持的投资者终于不堪最后一击，在曙光乍现的前一刻倒下了。

投资的本质是应对未来的不确定性。在传统的金融理论中，资产收益率常常被假设为正态分布，这意味着极端价格波动出现的概率极低。但在现实世界，金融市场经常呈现出肥尾特性，极端行情出现的概率较高，并由于不寻常的事件出现，市场大幅震荡。2008 年的雷曼兄弟倒台、2010 年的欧债危机，都产生了肥尾效应。而这种极端事件的出现，都会伴随大量有违常识的"奇观"。投资者几乎完全丧失理性，只是被情绪牵引。

暴跌的开启猛烈且决绝。或许在下跌的初期，仍在硬扛的少数投资者依然不为所动，期待有朝一日能够扭亏为盈。然而，随着价格的持续下跌，仅存的希望也被蚕食。此时投资者已经处于崩溃的边缘，心理压力使他们喘不过气。他们虽然见证过市场的起伏，穿越过牛市和熊市，也知道不存在只跌不涨的市场，但是身处当下，仍然不由自主地感到害怕。他们担心这次不一样，担心市场再也没有反转的可能，担心市场就这样一直跌下去。此时，任何风吹草动，都有可能成为压垮市场的最后一根稻草。

而恐惧本身会有自我强化的作用。在极短的时间内，恐惧迅速传播，并滋生更多的恐惧。在人人自危的情况下，恐慌性抛售出现。无论基本面好坏，各种资产泥沙俱下。当越来越多的人选择抛售股票时，市场会加速下跌。前期的抛售行为仿佛得到了市场验证。没有人想做最后一个逆行者。此时，所有的基本面指标、技术指标甚至基本常识都失效了。当最后一个负隅抵抗的投资者也投降的时候，市场崩溃了。此时，流动性几近枯竭。没有源头活水的市场，拥有再好的资产都毫无意义，价格跌至匪夷所思的位置。

然而，行情都是在绝望中诞生的。当所有人都绝望的时候，市场就出现了罕见的投资价值。但是，能做到"别人恐惧我贪婪"的人实在屈指可数。更多人只能在事后扼腕叹息。

典型事件：2020 年原油负油价——恐惧让我们"面目全非"

2020 年，一场突如其来的新冠疫情让全世界陷入恐慌。期初，疫情的暴发，虽然导致中国资本市场大幅震荡，但在政府的有效调控下，市场很快从底部反弹。然而，在中国以外，情况则复杂得多。一开始，大多数人认为这仅仅是一个区域性的偶发事件。结果发现，疾病的传播速度远超人们的想象。在很短的时间内，新冠疫情演变成一场全球性的灾难。2020 年 3 月 14 日，美国总统正式宣布进入国家紧急状态，美国国会众议院投票批准新冠疫情应对法案。到 3 月 23 日，全球新冠病毒累计确诊突破 33 万例，至少 50 个国家宣布进入紧急状态。

为了防止病毒传播，多个国家进入封锁状态。人员无法流动，商业活动戛然而止，消费需求急剧下降，制造业和工业产出大幅下降，供应链几近瘫痪，经济骤然失速。

面对这样前所未有的局面，所有人都感到恐慌至极，对未来极度悲观。甚至有人将新冠疫情与20世纪初的西班牙大流感相提并论，有种末日将至的绝望。而在资本市场，恐惧与绝望更是将行情推向极端。没有人再去关注股票的内在价值，传统的投资方法统统失灵。投资者不计成本地抛售资产，踩踏一触即发。2020年3月9日，美国股市遭遇"黑色星期一"，标普指数开盘迅速下跌7%，自1997年以来首次在盘中触发熔断。3月12日，美股再次触发熔断。在短短十天内，美股接连发生了四次熔断。3月16日，标普500指数当日跌幅达到11.98%，成为该指数历史上第三大单日跌幅。除了美国，全球其他地方的资本市场也发生了共振，开启暴跌模式，全世界都笼罩在下跌阴影下。甚至连黄金、美国国债这些传统的避险资产，也都大幅下跌。当避险资产都无法避险的时候，市场也就完全失去了理性，彻底沦为情绪的宣泄场所。

而作为"大宗商品之王"的原油，更是在极端的市场情绪下，上演了一出令人瞠目结舌的暴跌。2020 年 4 月 20 日，美国 WTI 原油 5 月期货合约价格跌至负数，并最终以 –37.63 美元 / 桶的价格收盘，原油期货价格历史上第一次出现负数。也就是说，原油生产商为了减少库存和生产成本，愿意支付费用让买家拿走原油。而原油的买家不仅拿走了原油，还赚到了一笔钱。这一有违常识的历史性事件实在让人匪夷所思。虽然后期原油价格很快从负值触底反弹，但彼时彼刻，负油价的的确确发生了。

如果立足当下，用一种相对客观理性的眼光，去剖析负油价背后的缘由，我们会发觉，和所有的极端事件一样，事情的起因都是"情有可原"的，然后才逐渐发展成不受控制的局面，最终导致结果出人意料。经济基本面、供需关系、市场情绪等多种因素都可以解释负油价，但其中最重要的，还是情绪。在那个极限点位，绝大部分人被恐惧与绝望所挟持，导致行为大幅偏离理性。

从经济基本面看，突如其来的新冠疫情的确重创了全球经济。根据世界银行统计 [1]，2020 年全球 GDP 缩水

---

[1] 也可见 Wind 数据库。

2.88%，创下了自大萧条以来最严重的衰退。原油作为"大宗商品之王"，无论是工业生产、交通运输还是消费者活动，都高度依赖于石油及石油产品，因此经济失速必然导致原油需求大幅下降。

为了应对需求端的大幅萎缩，2020 年 3 月初，沙特阿拉伯和俄罗斯组织了一次旨在稳定油价的"OPEC +"会议。然而，看似解决原油定价的背后，实质上是沙特阿拉伯和俄罗斯这两个产油大国争夺行业主导权。双方各怀心思，一场救市会议最终转变为一场激烈的价格战。3 月 6 日，俄罗斯宣布拒绝减产，此举导致美国原油期货价格大幅下跌。3 月 8 日，沙特阿拉伯迅速回应，大幅下调对主要市场的现货原油价格，折扣幅度创下 20 年来的最大值，国际油价随之继续下跌。在需求大幅下降的前提下，供给却没有有效收缩，最终为负油价的出现提供了"契机"。

另外，有限的存储空间也是原油价格下跌的重要推手。纽约商品交易所交易的 WTI 原油需要在美国最大的原油储存基地——即俄克拉何马州的库欣——进行交割，然而库欣的存储空间面临储油设施用尽、"无地存油"的尴尬局面。在这样的情况下，交易者担心现货原油没有地方存储，为避免现货交割，而选择抛售 5 月合约，从而导致价格崩盘。

除此之外，从历史规律看，美国原油期货 5 月合约的交割日是 4 月 21 日。在期货合约移仓换月时，价格通常会出现跳空现象。而空头也正是抓住了这样的契机，乘势追击。

然而，基于基本面、供需关系等原因的油价下跌，与油价跌至负数有着本质的差别。两者间的巨大沟壑，就是情绪。当我们被恐惧所胁迫时，理性便消失了。我们的眼里只有坏消息，只看到消极的一面。而当个体的非理性行为叠加成群体心理后，整个市场都陷入了更极端的情绪。"坏消息"的影响被成倍放大，导致资产价格崩盘。而这进一步加剧了市场恐慌情绪，一个"恐惧—抛售—下跌—恐惧"的负反馈便形成了。所以，我们看到油价出现了史无前例的负数。

面对同一场新冠疫情，有人看到了市场的崩盘，看到了经济的一蹶不振，甚至看到了人类生存的威胁，但也有人看到了罕见的投资机会。从基本面看，即使在疫情肆虐、经济下滑、需求锐减的情况下，商品价格出现负值也不符合基本常识。千百年来的历史早已证明人类的生存韧性。尤其是在现代科学和医疗条件的辅助下，即使是最严重的疫情最终也将终结。而从供需角度看，虽然俄罗斯、沙特阿拉伯出于自身利益，对减产犹犹豫豫，但是供需关系作为最基本的经济学原理，即使被短期人为干预，出现了非均衡状态，或早或晚也会回归到合理的水平。库存本身是前两个问题衍生出来的连锁反应，一旦前两个问题得到解决，它自然就不复存在。而结算月至多是一个干扰项。时间窗口关上，投机也就不复存在。

因此，稍用理智，就会发现，这种不计成本的大规模抛售是底部的重要特征。负油价必然会在很短的时间内反弹至正常的水平。因此，与其被恐慌蒙蔽了理智，不计成本地卖出，不如让自己平静下来，静观市场变化，关心疫情进展，关注供给端和需求端的边际改善，跟踪库存等相关因素，根据自身交易风格，制定建仓计划，等待最佳的抄底机会。

● 时点二：脱离底部

情绪特点：举棋不定

如果说行情在绝望中诞生，那么在市场脱离底部的初期，必然伴随着半信半疑的怀疑态度。在经历了剧烈下跌后，投资者仍然心有余悸，信心的恢复还需要时间。出于对亏损的恐惧、对未来行情的不确定，投资者不敢贸然建仓。即使从各项指标来看，曙光已现，暴跌的冲击也依然历历在目。此时，他们不愿在"大概率"赚钱的前提下买入，而是等待更多的积极信号出现，以确保万无一失。这看上去似乎是一个合理的方式，既规避了不确定性，又可以稳扎稳打地获取盈利。然而，投资永远是一件面向未来的事情，没有任何一笔投资可以确保100%赚钱。收益的另一边必然是风险。如果等到完全没有风险的时候，收益也就不复存在。

某种程度上说，我们不是被市场所打败，而是被自己所打败。熊市不仅让我们的钱包大幅缩水，更让我们的内心不堪一击。当你对市场不再有期待，依旧用熊市的思维去看待行情，就会陷入举棋不定、忐忑不安的情绪困境。此时，任何的利好在你眼里都微不足道，对于市场的边际改善更是视而不见。惯性的熊市思维让你觉得，今天的上涨可能只是一个例外，明天可能就跌回去了。毕竟，"涨一天，跌三天"是熊市中最常见的走势。

与举棋不定、不敢加仓相对应地，在市场脱离底部的初期，投资者对于前期持有的套牢盘，一旦解套，或者微有盈利，卖出则非常决绝。这在行为金融学上被称为"锚定效应"。投资者会将持仓成本作为心里的"锚点"，一旦市场涨至锚定的价格，投资者会立刻选择卖出。这一方面可以缓解积攒已久的负面情绪；另一方面，在回到成本线附近时立即卖出，也可以避免再度亏损的恐惧。

事实上，当市场脱离底部后，原有的熊市经验和模式已经失效，市场进入一个新的模式，需要用新的眼光去审视其中的变化。今天涨，明天可能也涨，甚至后天仍在上涨。每一天都稳扎稳打，向上攀升。前期不受人待见的股票可能在新的时代背景下，又焕发出了新的光彩。然而，犹豫不决和对旧事物的偏见替代了理性判断和开放的心态，你无法用发展的眼光去看待市场，因此无法做出符合新时代背景的正确投资决策，与后续的涨幅也就擦肩而过了。

直到某天，你幡然醒悟，意识到新一轮的上涨周期已经开启，转而去追涨。但此时，你和其他先知先觉的投资者的持仓成本已经完全不一样。而不同的持仓成本对于投资者心态的影响非常明显。面对同样的市场波动，早期介入的投资者有较厚的安全垫，因此可以不为所动。

而你会再次陷入自我怀疑，很可能在市场的正常调整中选择卖出，但在下一个买点时再次陷入犹豫，结果是又一次失去了上涨获利的机会。如此往复，会面临即使市场涨也亏钱的尴尬境地。

良好的开端是成功的一半。那么对投资而言，市场初涨时的投资决策很大程度上决定了后期的投资心态和盈利水平。此时如果能做好情绪管理，立足当下，以公司未来发展方向为决策依据，而不被历史经验羁绊，就能起到事半功倍的作用。

典型事件：2020年煤炭股经历多年熊市后开启上涨——旧事物也可以有新逻辑

2020年，沉寂多年的煤炭股横空出世，开启了一波猛烈的上涨攻势。然而，煤炭股在上涨初期，并没有得到大家的认可，很多人认为这只是昙花一现。毕竟，煤炭的高光时刻随着中国经济增速放缓，已经成为历史。从2015年开始的煤炭行业供给侧改革，使煤炭股估值大幅下杀，股价长期徘徊在底部，投资人脑海中已形成根深蒂固的想法，即煤炭股没有增长、没有未来。

但现实却与大家的预期背道而驰。事实证明，煤炭股的上涨并非一时兴起。以煤炭指数（000820）为例，煤炭行业从2020年至2023年，连续四年实现正收益，四年累计涨幅达到93.19%。其中，更是诞生了兖矿能源、陕西煤业等众多明星股。而同期，上证综指累计下跌2.17%。煤炭指数的亮眼与A股整体的低迷形成鲜明对比。

历史上，"煤飞色舞"的行情也曾被大家津津乐道。"煤飞色舞"一词最早来自2007年10月26日《中国证券报》的一篇报道，用来描述股市中煤炭产业和有色金属板块的上涨，并在之后随着煤炭股和有色股的飙升，为众人所知。煤炭作为重要的能源和工业原料，其需求与宏观经济发展息息相关。从产业链看，煤炭的下游应用主要有四大块，分别是火电、钢铁、建材和化工。当经济高速增长时，会带动工业生产和居民生活对能源的需求，从而增加对煤炭的需求。彼时，中国正经历着经济高速增长、城镇化率大幅提升、企业产能高速扩展的高光时刻。煤炭和有色金属作为基础原料，对于资金的敏感度极高，因此通常带领股市率先上涨。

从2001年开始，无论是从产量还是从价格来看，煤炭行业都经历了一个高速增长的黄金十年。2003—2007

年，煤炭企业利润总额由 85.73 亿元增长至 871.88 亿元。从股市看，仅 2007 年一年，整个采掘板块全年累计上涨 263%。2008 年，在"四万亿"刺激政策后，电力、钢铁、建材等行业需求井喷，煤炭行业景气周期开启，并在 2011 年创下新增产能历史新高。

然而，物极必反。之后，市场发生了巨大变化。首先，中国经济增速放缓，原有的依靠投资、基建、房地产拉动经济的模式受到了质疑。经济结构调整迫在眉睫。此时，煤炭不再是市场的引领者。新的产业模式和新科技受到了资金的追捧。其次，从能源消费结构看，彼时中国煤炭消费在整个能源消费中的占比超过 60%，远高于欧美发达国家，对单一能源依赖过重的模式亟待改善。再次，从供需角度看，煤炭产能增长迅速，而市场需求增长有限，造成产能过剩。2014 年煤炭消费量同比增速由正转负。这不仅使煤炭企业面临库存积压、资金流转困难等问题，也影响了煤炭市场的稳定。在煤炭行业整体供过于求的背景下，煤价大幅下跌，盈利受损。2015 年行业整体处于亏损状态，亏损企业占比超过 90%，利润总额不足 441 亿元，仅为 2011 年的十分之一。

在这样的背景下，一场轰轰烈烈的煤炭行业供给侧改革开始了。具体措施包括加快淘汰落后产能、暂停审批新项目、进一步推进行业兼并重组，从数量和结构上对行业进行优化升级。从实际结果看，供给侧改革效果显著。煤炭行业的供需结构明显改善。从 2008 年到 2018 年，煤炭行业前十大煤企产量占比由 29% 提升至 45%，行业集中度明显提高。从价格看，煤炭价格由跌转涨，企业 ROE 回升明显。

但是即使在这样的利好下，市场对于煤炭景气度提升依旧视而不见，煤炭股的估值继续下探。直到 2020 年，在经历了多年供给侧改革后，煤炭股终于"王者归来"，开启了新一轮的上涨，但大多数人对煤炭股的上涨依旧将信将疑。彼时，中国经济仍然面临增速放缓、经济结构转型压力，尤其是叠加新冠疫情的冲击，需求端明显减弱。很多人对经济预期非常悲观，因此对煤炭股上涨的幅度和持续性都心存怀疑。

从原有的"周期—增长"的角度看煤炭股，它们的确已是"过眼云烟"。中国经济增速已告别两位数，煤炭也短时间难回产能高速扩展、利润飙升的阶段。因此，煤炭股并不具备投资价值，也不具备上涨基础。

　　然而，市场不是一成不变的。每一次的上涨逻辑也并不相同。如前文所说，锚定原有的逻辑并套用到现在的情况，相当于犯了刻舟求剑的错误。事物本身是动态发展的，如果能够放下对周期股的偏见，用一个新的角度去观察煤炭股，就会发现情况截然不同。

　　在多年行业出清后，煤炭行业的供需结构有了明显改善。更为重要的，从资金回报的角度看，煤炭行业在经历了漫长的供给侧改革后，"剩者为王"的煤炭公司的盈利能力大幅提高，成了实实在在的"现金奶牛"。煤炭企业几乎没有新的资本支出，账上积累了大量现金，因此会更多选择用分红回报股东。在过去几年中，中国市场的投资回报率颇高，很少有人会看得上5%—6%的股息率。但是时过境迁，随着10年期国债利率持续下行，"资产荒"问题逐步凸显，与不足3%的无风险收益率相比，高股息成了投资者的"香饽饽"。在这个背景下，虽然煤炭股不符合传统的增长维度的选股逻辑，但如果从股息率的框架看，就会发现煤炭股的确有其独到之处，能够再度崛起并不是空穴来风，而是有其扎实的逻辑作为支撑。

　　因此，此轮煤炭的上涨并不是原有逻辑的再现，而是新时代背景下新逻辑的演绎。但是投资者对于过去"煤飞色舞"的记忆实在太过深刻，脑海里始终锚定着"经济高速增长—煤炭上涨"的固定印象，以至于新逻辑在兑现初期，很少有人关注。即使有些人关注到了行业基本面的改善，也觉得是昙花一现，并没有积极介入。其实，早在供给侧改革发生后不久，煤炭行业的景气度就有了改善，ROE拐点的出现远早于估值拐点。但是，市场情绪却要经历漫长的时间，才能得以修复。直到2020年初，新逻辑终于开始获得市场认可。在半信半疑中，先知先觉的资金发现了煤炭股的独到之处，率先介入。随着煤炭股持续上涨，尤其是叠加高分红这个"大杀器"，煤炭股终于获得了大量资金的青睐，开启了一段强势的上涨趋势，无论是从持久性还是从强度来说，都出乎大部分人的意料。

从后视镜角度看，煤炭股的上涨逻辑非常清晰。但是身处当下，很容易用旧有的熊市观点去看待行情。此时，摒除原有的思维框架，不被前期熊市的悲观情绪所束缚，从原有的市场情绪中跳脱出来，用新的角度去审视行情，尤其是对于市场的边际改善予以重视，才有可能吃到"鱼身最肥美的一段"。

- ## 时点三：持续上涨，进入牛市

情绪特点：羊群效应、跟风、追涨

牛市的开启通常与"新概念"息息相关。新趋势、新产业或者新科技的出现激发了新的投资热情。虽然牛市最终都会在情绪的裹挟下以泡沫破裂收场，但是牛市初期的确是基于某种扎实的事实或逻辑，或者顺应了某种新的趋势，才能众望所归，受到资金追捧，开启一波凌厉且持续的上涨趋势。无论是当年的互联网泡沫，还是新能源的崛起，都是实实在在改变了人类的生活，以至于参与者信心百倍，坚定不移地买入并持有股票。

从技术分析的角度看，在市场关键点位，成交量非常重要，有时候甚至比价格本身更有价值。成交量高意味着参与交易的资金较多，投资者对市场的兴趣较大，交投活跃。判断市场走势，尤其是重要拐点，不仅需要关注价格本身，更需要关注成交量。如果量价齐升，通常可以视为上涨趋势的确认。相反，如果只有价格上涨，而成交量并没有显著放大，那就表明市场还存有分歧，后续走势并不明朗。

当市场从半信半疑的上涨初期走向牛市时，市场观点从分歧趋于一致，成交量会明显放大。新买家跑步进场，唯恐落人之后。市场从量变到有了质变。前一天，还是少数先知先觉者先行一步；突然间，上涨趋势得到大部分人的认同，牛市来了。市场在很短的时间内从举棋不定走向坚定看多。很少有人再去质疑上涨的逻辑，乐观与兴奋取代了前期的迟疑与犹豫。

此时，市场也呈现出众生百态。有人会突然志得意满，觉得自己无往不胜，每次买入都实现了收益，赚钱变得如此轻而易举。曾经仰望已久的投资大师和自己似乎也没有本质区别。他们将盈利归功于自己能力超群，而不是市场的上涨。他们时刻关注着股价走势图，计算着自己到底赚了多少钱。随着浮盈逐渐增多，交易越来越频繁，风险偏好也越来越高。贪婪占据了主导，对于已有的盈利仍然觉得不够，想要满仓加杠杆，一把实现财富自由。

另一些人则懊悔不已。在市场脱离底部的初期，他们犹豫不决，不敢建仓，或者由于处置效应作祟，刚刚将前期套牢已久的仓位卖出。也就是说，在市场正式开启上涨模式时，他们没有任何持仓。此时，市场的涨幅虽然和他们没有任何关系，但却时时刻刻牵动着他们的心。他们对市场的关注与日俱增，一边懊恼自己之前的

"短视"，一边却依然不敢买入。他们期待，市场会跌回当时他们卖出的点位，或者当时想买却不敢买的位置，从而有机会再次低价买入。但是牛市一旦开启，就意味着市场很难回到最初启动时的位置。面对这个"锚定"的价格，投资者只能望洋兴叹。

然而，踏空有时候比套牢更煎熬。套牢还能给予人微弱的希望，投资者可以选择坚守，等待市场反转的那一天。但是踏空却只能眼睁睁看着市场上涨而无能为力。当牛市开启后的某一天，望着节节高的股价，他们终于崩溃了。此时，他们再也不在意价格是否合理，也不关注股票的基本面，只想加入这场资产的盛宴，和所有人一样分到一杯羹。最终，他们选择满仓杀入。

当然，还有些人更沮丧。他们曾坚信，前期的上涨只是回光返照，市场马上会跌回原位，因此他们选择做空。但是，当市场与他们的预期背道而驰时，恐惧和绝望笼罩了他们。他们不敢计算自己真实的亏损，只能自欺欺人。可是，市场的趋势不会因某个人的意见或立场而改变，他们只能眼睁睁地看着自己的亏损头寸越来越大。直到某一天，他们从空头转向多头，先是回补空头，再是彻底转向，并且犹如赌徒一般，赌注越下越大，希望能把前期做空的亏损统统弥补回来。

最终，无论前期仓位如何、盈利如何，当市场进入牛市后，分歧统统消失，投资者的观点趋于一致。当所有人都选择看多时，趋势开始自我实现。一个"乐观—加仓—股价上涨—乐观"的正反馈正式出现。人们对坏消息视而不见，或者用不同的角度去解释坏消息，使其"合理化"。此时，基本面依然可圈可点，但估值扩张的速度更快，并且呈现泡沫化的迹象。市场一片欢欣鼓舞，这是投资者幸福感最强的阶段，但是，从过往历史经验看，很多投资者，尤其是经验欠佳的散户，在牛市中更容易亏损。越是加速上涨的市场，越是需要谨小慎微。

典型事件：美国互联网牛市——"有理有据"的牛市更疯狂

美国 2000 年左右的互联网泡沫无疑是载入史册的。以科技股为主的纳斯达克指数从 1995 年的不到 1000 点飙升至 2000 年 3 月 10 日 5048.62 点的峰值，涨幅超过 500%，市值超过 25 万亿美元，占当时美国股票市场总市值的 36%。信息技术板块更是出现了唯亚威通信公司、维尔软件公司、Q 逻辑半导体公司等多只百倍股。然而好景不长，和所有牛市一样，泡沫破裂的过程也异常激烈。以 2000 年 4 月微软反垄断案作为标志性事件，资金迅速从科技板块撤离，引发股票市场大跌。纳斯达克 100 指数作为高科技企业的代表，从 4816 点一路下跌至 795 点。曾经风光无限的百倍股，很多也跌去了 80% 的市值，仅剩一个零头。

互联网泡沫的起承转合作为资本市场的经典案例，至今仍被人津津乐道。大多数人聚焦在牛市的后半程，研究泡沫是如何破裂的。然而，任何一轮牛市，背后都有其深刻的时代背景。"新产业""新科技"的出现至关重要。脱离基本面，仅仅靠讲故事、炒估值，是无法得到大资金认可的。从这个角度看，美国互联网牛市的开启的确名副其实。

20 世纪 90 年代的美国，经济持续向好，通胀率较低，流动性长期保持宽松。尤其是信息产业的崛起，推动了技术进步和产业结构升级。在这个大背景下，作为经济晴雨表的股市才走出了后续波澜壮阔的大行情。从股价驱动因素看，虽然信息科技行业的估值最终呈现泡沫化，但基本面的影响同样不容小觑。"互联网"这个新东西，切实地改变了我们的生活。现如今，人们已经很难想象没有互联网的世界会是如何闭塞和低效。尽管泡沫催生了很多名不副实的假科技公司，很多名噪一时的公司也随着泡沫的破裂而消失，但仍然有一些伟大的公司，如亚马逊、eBay 等，最终成功转型并为我们所熟知。

从宏观层面看，美国经济从 20 世纪 90 年代起，连续十年实现高速增长，年均 GDP 增速超过 3%。同期，美国失业率逐年下降，在 1997 年后维持在 5% 以下的低位。通胀水平也持续处于低位，CPI 稳定在 2.8% 左右，远远低于 80 年代的 4.7%；1996 年以后，剔除食品、能源的核心 PCE 指数甚至稳定在 2% 以下。而反观其他国家和地区，情况则颇为动荡。1991 年日本经济泡沫破裂，1994 年墨西哥面临债务危机，1997 年东南亚市场遭遇金融危机，1998 年俄罗斯出现债务危机。在此消彼长的国际环境中，美国依靠"高增长 + 高就业 + 低通胀"的组合成为世界唯一超级大国，吸引了大量资金涌入。内部和外部环境相结合，给牛市奠定了扎实的宏观基础。

从流动性角度看，20 世纪 90 年代末期的美国金融环境也十分有利于股市发展。在美国长期资本管理公司破产后，为了应对潜在的金融风险，美联储在 1998 年 9—11 月间连续三次降息。1994 年底至 1999 年 1 月，美国

10年期国债收益率从7.84%下降至4.66%。低利率环境吸引了更多资金流入股市。

更为重要的是，作为经济增长的新引擎，兴起于20世纪70年代末的计算机信息技术革命从量变走向质变，自下而上的科技创新开始爆发。

不过，20世纪70年代的美国也曾面临经济增速下台阶、产业结构调整的压力。在传统制造业持续衰退的背景下，美国将信息技术等高科技产业列为新的经济增长点，并在政策上给予极大支持。克林顿政府在1993年提出了"国家信息基础设施"计划，后又在1996年公布了"下一代互联网"计划。最终，美国信息产业不负众望，在20世纪90年代中期加速崛起，技术渗透率越过关键点实现快速提升。1995年，随着计算机核心硬件的生产效率大幅提升，美国半导体产品的价格出现拐点，开始大幅下降，这与互联网牛市启动的时间基本吻合。

本质上，实体经济和资本市场是一个相互交织、相互作用的过程。处于这样欣欣向荣的环境下，美国人在现实中感受着科技创新带来的变革，自然也会在资本市场中充满信心，将真金白银投给心仪的高科技企业。而进入股市的资金又会推动相关公司的股价步步上涨，给投资者带来可观的回报。同时，资本市场的"造富梦"也开启了更多年轻人的创业梦想，反过来又再次在实体经济中掀起科技创新的热潮。牛市的良性循环就此开启。从1994年至2000年，美国的互联网用户数从占总人口比例的不到5%直至超过40%。同一时期，信息技术板块指数增长超过7倍，并将其他产业远远地甩在了身后。

和任何一轮牛市一样，美国的互联网泡沫也经历了温和增长、加速上涨和走向疯狂的过程。从1995年到1998年，受益于市场环境的改善，美国股市整体缓慢上涨，道琼斯工业指数、标普500指数、纳斯达克指数三大指数的走势趋于一致。

而从1998年底开始一直到1999年底，股市加速上涨，牛市真正来临。以高科技为代表的纳斯达克指数，其涨速和涨幅都远超道琼斯工业指数和标普500指数。这个时候，高科技成为市场共识。大量资本涌入高科技产业，投资者的风险偏好程度不断上升。市场人声鼎沸，赚钱效应明显。下注互联网高科技企业的投资者获得了丰厚的收益，从而变得极度自信。有散户甚至通过报纸叫板巴菲特，让巴菲特跟着他们学习如何炒股。而错过前期互联网上涨的投资者也纷纷调转方向，加入这场盛宴。互联网成了时髦和财富的象征。有些传统公司申请一个 .com 域名、开一个网站就声称自己是互联网公司，就可以从资本市场分得一杯羹。年轻的创业者聚集到硅谷，从事和互联网相关的生意，各种各样的互联网公司如雨后春笋般冒出来。只要和互联网沾边，公司股价就有可能大幅上涨。

此时，基于事实上涨的牛市已经逐渐变形。回顾历史，我们能清晰地区分出牛市不同阶段的差异。然而身处当下，却很难看清庐山真面目。美国的这轮互联网泡沫中，市场究竟是基于技术变革创新、有理有据地上涨，还是基于疯狂的市场情绪、无厘头地上涨，似乎并没有明确的差别。在牛市氛围越发浓厚的时候，市场泡沫也越吹越大，留给投资者的好日子已经所剩无几。此时，投资者需要关注市场的一举一动，见微知著。当三大指数的走势出现背离时，或许就是一个值得重视的信号。

• 时点四：市场顶部

情绪特点：癫狂、贪婪

用癫狂来形容处于顶部时的市场一点都不为过。如果说牛市的初期，还是基于事实，对于乐观预期的演绎，那么到了牛市后半场，则完全是疯狂情绪的体现。通常情况下，当市场进入牛市的后半场，"一夜暴富"的故事在人群中口口相传。尚未入场的投资者再也无法抗拒市场的诱惑，即使是对投资一窍不通的门外汉，也忍不住跑步入场。此时，全市场洋溢着乐观的气氛，再也没有反对的声音与不同的意见，群体性认知达到空前一致。或许有人隐隐约约感受到了市场走势的不对劲。但是在市场顶部，资产价格狂飙，涨幅惊人，很少有人能够抵抗得住金钱的诱惑。在别人贪婪的时候，每个人都想方设法表现得更贪婪，都想在这场资产狂欢中赚到更多的钱。

当越来越多的人入场后，市场上涨的斜率会变得更陡峭，涨速越来越快，涨幅越来越大，换手率提高，成交量飙升。估值会明显处于不合理的位置，甚至达到或突破历史最高值。当股价屡创新高后，顶部区域形成了。从基于理性的上涨，到无视基本面的暴涨，市场终于走向了最疯狂的阶段。如此高的价格不仅得到投资者的追捧，也得到各类专家的认可，再加上金融中介、媒体的推波助澜，泡沫越吹越大，危险近在咫尺，但所有人都沉浸在日进斗金的快乐中不能自拔。

在泡沫的鼎盛时期，通常会有以下几个特点：

首先，是高得离谱的市盈率。此时股市的上涨，不再是基于基本面的理性上涨，更多是情绪的推动，因此估值会大幅上升。股票市值的增长会远远高于 GDP 的增长。即使是一个非专业人士，只要略有常识，也会意识到市场的疯狂。但是身处当下，没有人会去质疑。人们会用新经济、新产业等角度去解释奇高无比的市盈率，把一切非理性的现象都归结为"这次不一样"。

其次，每一次的市场顶部都会有一些"股神"横空出世，其一言一行，都被投资者奉为圭臬。有时候，"股神"的一句话，就能使某只股票出现暴涨。群体心理表现得淋漓尽致，也带动市场走向更疯狂的局面。

再次，疯狂的二级市场通常会伴随着 IPO 和兼并收购的大量出现。从公司的角度看，它们倾向于在高股价时进行融资。此时，市场情绪高涨，估值较高，流动性充裕，在乐观情绪的驱动下，投资者有信心也有资金去投资新兴公司。因此，公司可以筹集到更多资金。从投行自身利益的角度看，牛市时市场吸纳能力较强，能够容纳更多的新股发行，IPO 失败的风险较低，发行的价格也较高。一旦成功帮助企业在高价位完成上市或者并购，投行就能获得更多的承销和顾问费用。

另外，媒体的作用也不容小觑。和股市相关的新闻会占据各类媒体的头版头条。出于追求点击率、收视率或影响力的目的，媒体倾向于报道投资者想要看到的东西。他们不断强调市场的乐观情绪，展现市场的美好前景，忽视或淡化潜在的风险，从而加剧了市场的非理性繁荣。尤其是这几年随着自媒体的兴起，信息传播速度相比以往已经大幅提高，也让更多普通人在极短的时间内被卷入这场狂欢。

然而，看似坚挺的市场实际上却脆弱不堪。威廉·巴特勒·叶芝说："危机已经四伏，人们却还忙着追逐浮华的泡沫。"在所有人都处于亢奋时，涨势戛然而止；在所有人还在憧憬新高的时候，市场却拐头向下。和底部的一波三折相比，顶部往往以更极端的方式演绎，在所有人都沉浸在巨大的财富泡沫时，市场一泻千里。

典型事件：2015 年 A 股牛市——杠杆是一把双刃剑

虽然 2015 年的 A 股牛市已经过去多年，但是当时市场的疯狂依然历历在目。从 2014 年 11 月中国央行时隔两年首次降息开始，市场情绪在短时间内迅速飙升，"国家牛""股指万点不是梦"之类的口号层出不穷。在巨大的财富效益影响下，散户情绪高涨，盲目跟风，推动股市一路上涨。短短半年多，上证综指从2014年11月的2450点上涨至2015年6月12日的5178点，涨幅超过一倍，日均成交额突破1.5万亿元，单日成交额最高达到2.2万亿元以上。涨速之快，涨速之猛，令所有人都瞠目结舌。

历史虽然总有惊人的相似之处，但却不是简单重复。区别于其他几轮牛市，2014—2015年"资产盛宴"的最大特点就是杠杆的运用。杠杆不仅是市场的加速器，更是情绪的放大器。作为中国证券市场有史以来由资金杠杆推动的最猛烈的一轮牛市，无论是融资融券规模的大幅飙升，还是场外配资的疯狂涌入，都令这轮牛市"火上浇油"，市场在短期内迅速飙升，也让我们见识到了杠杆的力量。

从时间轴看，期初的"杠杆牛"也并非毫无依据、空穴来风。它其实是历经多年熊市调整，在政策面、资金面和情绪面形成共振后，才在低迷的市场环境中破茧而出。

上证综指在2007年创下6124的高点后迅速回落，

虽然后又在 2009 年有过一波强劲的反弹，但随后便进入长达五年的盘整期。此时，中国经济增速放缓，原有的投资拉动经济增长的模式逐渐失效。关于中国经济何去何从，市场也一直在寻找新的方向。2013 年，在流动性收紧的背景下，"钱荒"发生，股市随即创下阶段性新低。2014 年，随着房价的下跌，市场的悲观情绪愈发强烈。几乎没有投资者对当年的市场报以期望。然而，转折悄然发生。2014 年 5 月，"新国九条"颁布。同年 11 月，央行首次降息，沪港通正式开启，无论是从情绪层面、资金层面还是政策层面都给市场打了一剂强心针，压抑已久的市场瞬间反转，做多情绪一触即发，牛市来了。

牛市的上半场大致横跨了 2014 年 11 月到 2015 年 1 月这个阶段。其间，随着沪港通在 2014 年 11 月 17 日正式开启，中国资本市场进一步对外开放。而央行在 11 月 22 日开启的不对称降息，也令市场流动性从偏紧转向宽裕。前期压制市场上涨的约束逐渐被消除。上证综指在短短两个月内上涨超过 30%。作为牛市"旗手"的证券股更是以天天涨停的模式领涨全市场。股市赚钱效应开启，吸引了大量资金跑步入场。

如果说此时的市场走势尚在可预期、可理解的范畴之中，那么到了牛市下半场，随着两融资金、场外配资等杠杆资金大幅流入，市场仿佛脱缰的野马，迅速走向癫狂。顶部最疯狂的时候出现了。

和境外成熟市场相比，中国股市有其特殊性，散户占比较高，机构化程度不够。投资者很容易受到从众心理的影响，这在很大程度上加剧了追涨杀跌的行为。尤其是处于市场顶部时，股价加速上涨，一夜暴富的神话频出。当所有人都在讨论股票时，普通人会不由自主地加入这场"造富运动"，想要赚钱的动机也愈发强烈。至于公司基本面是否与股价相匹配，估值是否合理，早被抛之脑后。而这种羊群效应在杠杆资金的影响下变本加厉。

2015年1月至6月，上证综指从3200点上涨至5178点，涨幅超过60%。同期，市场风格发生切换，创业板替代了蓝筹股，引领市场。事实上，早在2013年，以成长股为代表的新产业、新技术新引擎，涨幅已经非常惊人。而在"杠杆牛"的背景下，创业板再度开启一波拉升。同期，创业板指从1470点涨至4037点，涨幅超过170%。滚动市盈率（TTM）从2015年1月的55.9

倍升至同年 6 月的 137.9 倍。从个股看，更是牛股辈出，整个 A 股涨幅超 10 倍的股票有 4 只，涨幅超 5 倍的有 36 只，涨幅翻番的有 1202 只，占所有股票的几近一半。而从 2015 年 3 月 24 日上市到当年 5 月 5 日，创业板"大牛股"暴风科技连续 29 个"一字板"，令人侧目，泡沫越吹越大。

同期，媒体的推波助澜也为疯牛行情助了一把力。在牛市的下半场，证监会及交易所的相关发言人，对于支持资本市场的一些政策和发言，被市场参与者和媒体广泛解读，以至于过度演绎，形成了诸如"国家牛市"和"杠杆牛"等各种夸张的概念。各种"股神"频频出镜，"10000 点不是梦"的"豪言壮语"也在这个阶段出现。这些概念和预言的提出，进一步激发了投资者的热情。同时，针对市场的实时走势，媒体频繁发表评论、预测，强化了人们的"牛市"思维，降低了他们的市场风险意识。

而作为助涨杀跌的"大杀器"，杠杆资金的出现，在给市场输送源源不断的资金的同时，也让整个市场走向最疯狂的阶段。根据 Wind 数据，融资融券余额从 2014 年初不足 3500 亿元，到年底突破 1 万亿元，而到 2015

年6月，已经达到2.27万亿元的历史峰值。诞生于2010年的融资融券，作为一种信用交易方式，允许投资者向具有融资融券业务资格的证券公司提供担保物，以借入资金买入证券（融资交易）或借入证券并卖出（融券交易）。由于门槛并不高，大量散户通过融资获得了高于本金的投资资金。在享受着上涨带来的快感的同时，这也为后续的"股灾"埋下了隐患。

除此之外，动辄5倍、10倍杠杆的场外配资平台更是来势汹汹。根据申万宏源证券测算，当时整个场外配资市场规模约为1.7亿元到2万亿元。银行、券商等各种资金通过多种渠道为投资者提供股票配资，上万家配资公司应运而生，不少P2P公司也涉足其中，想要在疯牛行情中分得一杯羹。各种产品创新层出不穷，但本质都是用别人的钱给自己加杠杆。投资者从配资公司获取年利率6%至30%不等的各类优先资金，并最终以1∶2、1∶4甚至更高的杠杆投资于股市。本金瞬间被放大了好几倍。投资变成投机，最终演变成一场豪赌。

在市场顺风顺水的时候，通过融资或者场外配资提高杠杆、增加购买力，的确可以帮助投资者迅速获取更多收益，并在短期内大幅推动了股价上涨。但是事物都有两面性，一旦股价下跌，股票价值跌破保证金，前期的正反馈将在反方向再次演绎一遍，投资者最终将会面临被强行平仓的风险，市场也会随之大幅下跌。

然而，尚处于牛市的投资者，依旧沉浸在账户持续盈利的兴奋中，对于肉眼可见的风险置之不理。随着最后一个多头跑步入场，市场创下新高，但同时，市场也站在了暴跌的前一夜。暴风雨即将开启。

● 时点五：泡沫破裂

情绪特点：恐慌

我们通常将泡沫的破裂怪罪于某个特定事件，比如政策的突然转向、经济数据的爆冷、某个公司的业绩不佳，甚至某种突如其来的流行病。诚然，如果只是简单地回顾历史，很容易得出类似的结论，因为我们常常看到某个标志性事件的发生与市场崩盘同时出现。但是，相关性不等于因果关系。泡沫破裂不是单一事件的结果，而是量变到质变的结果；也不是个体行为的结果，而是群体性非理性的结果。看似偶然的背后有其必然性。

本质上，疯狂的牛市已经使股价大幅偏离基本面，并且积累了大量风险。虽然泡沫不会立即破裂，甚至持续的时间会远超预期，但是该来的总会来。在某个时刻，市场的风险收益比已经处于极限位置。此时，那个标志性事件就如同一个催化剂，瞬间击垮市场情绪，早已摇摇欲坠的市场终于名正言顺地开始下跌。

下跌必然伴随着恐慌。但是，在市场下跌的初期，很多人仍然心存怀疑，正如市场上涨的初期，大家仍沉浸在上一阶段的市场情绪中。人类有一种非理性的倾向，我们可以称之为方向参照，即认为近期的价格趋势会延续下去。因此在下跌初期，对于很多人而言，牛市的记忆仍然历历在目。很多人更愿意相信这是牛市的正常调整，一旦调整完毕，后续仍会上涨，因此并不愿意减仓。

但是无论从强度还是持续性来看，泡沫破裂时的调整幅度都远远超过牛市的正常波动。此时，一个专业且理性的投资者是有可能凭借专业能力发现其中差异的。但是，对于非专业投资者来说，叠加情绪作祟，他们依然惯性地认为市场会继续走强。对他们而言，锚定的是最高价，并以此计算自己的盈利。一旦股价低于锚定价格，他们就懊恼万分，希望价格回到之前的位置。因此在下跌时，他们甚至可能还会加仓，想以此摊薄平均持仓成本，从而在"调整"结束后，获取更多收益。

　　然而，市场趋势一旦形成，就会沿着既定路径越演越烈，绝不会因为个体的想法而改变。尤其是在市场顶部时，趋势看似坚固，实则早已暗潮涌动。此时，群体性认知虽然达到空前一致，但是一旦没有新的资金入场，击鼓传花的游戏就会戛然而止。从技术图形看，相比于脱离底部时的反反复复、一波三折，泡沫破裂时市场更多呈现出自由落体的状态，尖顶的出现概率较高。

　　尤其是在杠杆资金的加持下，当价格失守关键支撑位时，负面消息触发恐慌性抛售，"空杀多""多杀多"的惨象接连上演，加速市场跳水，股价一泻千里。投资者争先恐后逃离市场，引发市场暴跌。但这个比谁跑得快的游戏，注定了绝大多数人都是输家。前期牛市的亢奋早已成为往事。此时此刻，恐慌占据了主导，市场一片狼藉。

　　而且，泡沫一旦破裂，市场下跌的幅度和持续的时间都会超过大部分投资者的预期。即使投资者一片哀号，市场仍然充耳不闻，甚至连一丝喘息的机会都不给。在接二连三的"坏消息"的刺激下，市场继续向下，深不见底。

典型事件：市场熔断，"杠杆牛"破灭——从千股涨停到千股跌停

2014—2015 年的牛市之所以令人印象深刻，原因不仅在于涨速之快，也在于跌幅之猛。在杠杆资金的助力下，市场仿佛以快进的方式前行。然而，成也萧何，败也萧何，杠杆本身就是一把双刃剑，在市场上涨的时候可以锦上添花，但在市场下跌的时候却无法雪中送炭，只会助推原有的跌势。尤其是在前期疯牛行情下，股价早已透支了基本面，估值呈现泡沫化，风险收益比极其不合理。在很多人尚不明所以的情况下，市场已经从暴涨切换到暴跌。

期初，利空消息总是被人忽视，筹码的松动也常常悄无声息。2015 年 6 月 2 日，证监会公布《证券公司融资融券业务管理办法（征求意见稿）》，6 月 4 日至 8 日，作为牛市后半场的领头羊，创业板指数自年初以来第一次出现三连阴，但大部分投资者并不在意，甚至认为这是牛市调整给出的加仓好机会。市场走势似乎也验证了投资者的观点。随着后面几个交易日连续上涨，创业板指数基本收复失地，离前期高点仅一步之遥。

2015 年 6 月 12 日，上证综指站上 5178 点，创下此轮牛市新高。正当大家憧憬市场将进一步上涨，并且超越 6124 点的历史高点时，证监会正式发布《关于加强证券公司信息系统外部接入管理的通知》，宣布彻底清查场外配资。6 月 15 日，按照证监会通知要求，各大券商开始清理非机构类个人投资者的配资业务账户，一场轰轰烈烈的股市去杠杆开始了。

　　前期风光无限的杠杆资金此时成了众矢之的。随着部分保证金账户、配资账户接连被强制平仓，股价大幅下跌。而市场暴跌导致市场信心进一步涣散。此时的投资者，宛如惊弓之鸟。前一天还沉浸在牛市的亢奋中，后一天却要直面市场的惨状，情绪在极短的时间内完全切换，群体性认知再次达到一致。只是，与之前相反，这次恐惧占据了主导。此时此刻，所有人不顾一切地抛售手中的持仓，拼命逃离市场。大量未平仓的资金也开始寻求出口，撤离股市。"股价下跌—杠杆资金被强制平仓—股价继续下跌—更多杠杆资金被强制平仓"的死亡螺旋就此开启。

　　从 2015 年 6 月 15 日至当年 7 月 8 日，在短短 17 个交易日内，上证综指的跌幅超过 32%，创业板指大跌近40%。很多股票的价格直接腰斩。在这一波猛烈的暴跌后，不少投资者一厢情愿地认为市场可能企稳了，或者至少将有一个反弹喘息的机会。然而，好景不长，在市场横盘不足一个月之后，8月11日，央行宣布启动新一轮汇率形成机制改革，人民币一次性贬值2%。市场情绪再度受到冲击，投资者担心汇率形成机制改革可能会加强人民币的贬值预期，从而导致资金外流。而为了避免这一情况，货币政策就不能太宽松。这对于刚刚遭受流动性危机的市场无疑是雪上加霜，救市政策陷入"两难"。因此，踩踏再次发生。创业板指在七个交易日里暴跌30%，千股跌停的惨烈景象令无数人仰天长叹。

很多人将这一波下跌怪罪于汇率形成机制改革。但是正如前文所提到的，市场的趋势并不会因为单一事件而发生根本性改变。"股灾"中，市场恐慌情绪的蔓延主要源于对市场泡沫破裂的担忧、对杠杆资金被强制平仓的恐惧以及对宏观经济前景的不确定。随着去杠杆进程的深化，股价进一步下跌，加剧了投资者的恐慌情绪，最终导致了一场踩踏式的抛售潮。因此，不是汇率形成机制改革导致这波暴跌，而是风险尚未完全得到释放，调整尚未完全结束，趋势仍在继续。

不久之后，熔断机制的出现再次将脆弱的市场情绪推向巅峰。2015年12月4日，为了稳定市场情绪，恢复流动性，有关部门决定借鉴境外成熟股票市场实践经验，实施熔断机制。熔断机制，也被称为自动停盘机制，是指当股指波幅达到规定的熔断点时，交易所为控制风险采取暂停交易措施。其本意是给投资者一个冷静时间，避免做出不理性的反应，从而减少市场的波动和风险，并为有关方面采取相关的风险控制手段和措施赢得时间和机会。

然而，事与愿违。熔断机制非但没有成为市场的"减震器"，反而因为"磁吸效应"加剧了市场的恐慌，再次导致市场暴跌。所谓的"磁吸效应"是指当市场价格接近熔断阈值时，投资者可能会因为担心市场暂停交易进而导致流动性丧失，选择抢先交易，这会导致价格加速下跌，触发熔断；即价格被熔断价格这块"磁石"吸引，加速向该点位移动。正如诺贝尔经济学奖得主尤金·法玛所预测："投资者将抢在熔断前完成交易，导致熔断的加速到来。"

2016年1月1日，熔断机制正式实施。1月4日，A股遭遇史上首次熔断。1月7日，沪深300指数再度触发5%和7%两档熔断阈值。根据既定规则，交易所在当天上午10点就结束了交易，创下最快休市记录。在市场依然脆弱的情况下，前期暴跌的惨象记忆犹新，惊魂未定的投资者担心熔断后，市场将长时间关闭，无法交易，为了赶在市场关闭前卖出股票，选择不顾一切地加速抛售，导致股价迅速触及熔断点，从而引发连锁反应。熔断机制下的自我预期实现，使市场再次陷入无序和恐慌，千股跌停的局面再次出现。随后为了维护股市稳定，有关部门紧急暂停了该机制，但仍未能阻止股市下跌，后来直到当年 1 月 26 日，股市才见底止跌。

2015 年"杠杆牛"的陨落无疑是惨烈的，杠杆资金自然难辞其咎。然而，和古今中外所有的泡沫一样，市场的下跌也有其必然性。在清理杠杆、汇率形成机制改革、熔断三个特定事件的推波助澜下，市场终于出清了风险，开始自我修复。但是，面对千股跌停的惨状，很多见证了历史的投资者仍然心有余悸。

● **时点六：进入熊市**

情绪特点：漠不关心、投降

泡沫破裂后，投资者疯狂抛售，股价暴跌。在恐慌与绝望的共同驱使下，市场奄奄一息。然而，事情尚未结束。正如牛市通常会经历平稳上涨、加速上涨和最后的疯狂等几个阶段，熊市的下跌也不是一蹴而就的，通常也会经历从下跌、反弹、恐慌性暴跌到最后阴跌的阶段。而这个漫长的阴跌过程可能是几个月、几年，甚至是几十年。

从定义上看，当指数从近期高点下跌超过 20% 时，就可以认定市场已经进入"技术性熊市"。虽然熊市的开启有明确的定义，但是熊市的终结却遥遥无期。没有人知道何时才是终点。和前一段时间的暴跌相比，阴跌才是最煎熬的，仿佛钝刀子割肉，虽然刀刀不致命，但刀刀切在痛处。

在这个阶段，投资者对市场的关注度会明显下降，这可能导致市场流动性减少，进一步加剧市场的下跌。媒体没了前期的喧哗，财经新闻也从头版头条的位置中撤出。人们对于新闻资讯的解读，多少带上了悲观的色彩。

此时，市场仍然处于下跌趋势。虽然相比于前期快速且猛烈的暴跌，这一阶段的跌幅已经缩小，但是利空消息仍然频繁出现。每当投资者觉得利空出尽，市场跌无可跌的时候，走势往往会给你一个下马威，以小幅慢跌的模式不断下探，并且屡创新低。当然，熊市偶尔也会有反弹，让投资者眼前一亮，对市场再次燃起微弱的希望。但希望很快就会在又一次的下跌中破灭。如此循环往复，希望最终完全破灭，投资者开始对市场漠不关心，抵抗变成了投降。

从成交量看，熊市时市场交投清淡，成交量低迷。很多投资者退出市场，转而寻求更安全的资产，如债券或现金。也有部分投资者"钱在心不在"，对自己的亏损漠不关心，仿佛账户上的数字并不真实存在。由于前期损失惨重，他们早已缴枪投降，不看账户可能会让他们"自欺欺人"得更好受一些。当然，还有很少一部分投资者仍然没有离场，但是由于对市场前景信心不足，其交易频率明显降低。投资者的风险偏好程度也急剧下降，前期动辄几倍、几十倍涨幅的成长股此时成了弃儿，资金向更安全的大盘股、蓝筹股汇集。

典型事件：日本的 20 年熊市——这次不一样？

和所有资产泡沫破裂一样，日本牛市的终结也是激烈而动荡的。然而，接下去的剧本却出乎所有人意料。这轮熊市竟然持续了近 20 年。在此期间，市场累计跌幅超过80%。其时间之长、跌幅之猛，在全世界都极为罕见，令很多坚持长期投资理念的投资者大跌眼镜。正如《安全边际》的作者塞思·卡拉曼所提到的，"我们永远无法在事前知道熊市的底在哪里"。

二战后的日本经济进入了高速发展的阶段。从20世纪50年代到70年代，日本的经济以平均每年10%以上的速度增长，成为世界第二大经济体。它在汽车、电子、钢铁等制造业领域取得了世界领先的地位，同时也积累了大量的外汇储备和贸易顺差。之后，著名的《广场协议》的签订，使日元被迫升值，这在很大程度上会损害日本商品出口的竞争力，对经济增长形成制约。日本政府为了维持经济增长的势头，采取了宽松的信贷政策，大幅降息。而较低的利率吸引了更多资金涌入资本市场，日本股市泡沫也因此越吹越大。

1982年10月，日股开启上涨趋势，到1989年12月涨至最高点，涨幅超过468%。1988年，日本股票市场的总市值高达477万亿日元，第一次超越GDP总额（当时为387万亿日元）。1989年，日本股市整体市盈率高达70倍。疯狂迹象令人瞠目结舌。彼时许多人认为日本经济已经进入了一个永久繁荣的时代，日本股市会像永动机一样持续上涨，资产价格永远不会下跌。

然而，该来的总会来。此时非理性的资产价格已经远远超过了日本经济的实际水平和潜在增长率。从1989年5月开始，为了防止经济过热，日本央行连续加息，利率从2.5%提高到6%。官方态度的强硬转变，成为日本股市泡沫破裂的导火索。市场信心急转直下，股价也开始暴跌。随着股价下跌，投资者开始恐慌性抛售股票，这进一步加剧了股市的动荡。1990年10月，日经225指数跌破20000点。1992年底，日经225指数跌至14500点左右，比历史最高点下跌了近63%。

日本股票市场的下跌速度与幅度虽然惨烈，但和历史上其他资产泡沫并没有本质差别，无论是市场情绪还是价格走势都有迹可循。究其原因，无非是前期暴涨导致风险累积、出现估值泡沫，基本面无法支撑起高企的股价。一旦某些特定事件发生，如加息等，就会迅速戳破资产泡沫，导致市场崩盘。

然而，这次的确也有不一样的地方。谁也没料到，从崩盘开始，日本股市的熊市竟然持续了近20年，才慢慢有了终结的迹象。

在深不见底的熊市中，市场呈现出极度的悲观和对未来的不确定性。由于人口老龄化严重，劳动力市场萎缩，消费需求下降，日本经济增长潜力受限。尤其是叠加通缩的影响，市场参与者对未来经济增长和企业盈利的预期非常悲观。在泡沫破裂后，许多企业资不抵债，不再追求利润最大化，而是着力于解决债务问题。日本人的保守在此时变本加厉，对任何的投资决策都非常谨慎。在企业不扩产、普通人不消费的背景下，日本经济陷入了以"低增长、低就业、低通胀、低财富、低杠杆"为典型特征的"资产负债表衰退期"。

而和实体经济息息相关的资本市场，必然也缺乏上涨的动力。投资者的风险偏好程度显著降低，不愿持有股票等风险资产，转向更安全的现金、债券等资产。有些人甚至直接退出市场。这也导致日本股市流动性下降，股价持续位于低位。

在这漫长的 20 年中，日本股市也曾发生过几次像模像样的反弹，试图从熊市的泥潭中走出来。日经指数曾多次试图向上突破箱体，但最终都无功而返。38957点的历史最高纪录，似乎已成为日经指数可望而不可即的"死穴"。而在一次又一次的消耗中，投资者已经彻底"躺平"，对市场提不起兴趣，任何风吹草动也吸引不了他们的注意，无论是上涨还是下跌，都与他们无关。

　　一个漫长而不知所终的熊市，对日本投资者来说的确是一种折磨。试想一下，一个风华正茂的年轻人可能要在将近不惑之年才能再次看到股市的繁荣。这必然会导致投资者的心态从绝望走向漠然。但是绝望往往孕育着新的希望。很多成功的公司都是在最困难的时候诞生的。日本在漫漫的熊市中，诞生了优衣库这样耳熟能详的公司。从一个更长的周期角度看，熊市终究会终结。20年后，在安倍经济学的刺激下，日本股市终于见到了曙光。一个新的周期即将开启，只是不知道此时还有多少人仍在坚守。

第四章

正念投资

你无法遏制波涛，但你可以学会冲浪。

——卡巴金

无论从专业角度，还是情绪角度来看，投资的确是一件很难的事情。从有"投资"这个概念开始，无数人前赴后继，寄希望于找到行之有效的方法，试图在投资中立于不败之地。但是，无论是提升专业，还是管理情绪，似乎都没有一劳永逸的方法。从提升专业的角度看，各种流派、理论层出不穷，没有标准答案；从管理情绪的角度看，情绪常常无中生有，似乎不讲逻辑，难以把控。两者叠加导致无数不确定性。因此，很多人对投资望而却步，或者深陷在前人走过的路上找不到突破点。爱因斯坦曾经说过："要解决问题，不能用制造问题的头脑想办法，而必须换一个脑袋。"用正念的方法去应对投资，坚持正念投资，正是给我们"换了一个脑袋"。

正如前文所说，市场本质上是徘徊在有效与无效之间的，有些时候有理可依，但有些时候却无章可循。如果我们将注意力聚焦在无章可循的部分，或者被市场的随机游走扰乱既定的投资策略和投资心态，那无论哪条路都无法通往罗马。

正念投资，首先意味着专注当下，保持理性。不被市场节奏及情绪影响，让每一个投资决策回归专业。从正念的角度出发，有问题的不是情绪本身，而是我们面对情绪时的行为举止。如果刻意抑制情绪，必然导致未来某个时点的突然爆发与反抗，从而在非理性的道路上越走越远。

近年来，国外涌现了不少将正念冥想等方法与专业投资相结合的尝试，以帮助投资者提高情绪管理能力，进而做出更理性的投资决策。桥水基金创始人瑞·达里欧（Ray Dalio）在过去的40多年中，每天都会在早晚分别进行20分钟的冥想练习。他说："冥想是我取得任何成功的最重要原因。"事实上，摆脱情绪的核心是直面它。让情绪真实地展现出来，我们就可以去抽丝剥茧地区分情绪、观点和事实之间的差异，从而能够依托事实，形成观点，真正让每一个投资决策都是由理性、专业驱动，而不被情绪、杂音干扰。

正念投资同时也意味着坚持以基本面为核心的价值投资方式，回归投资的本质，不盲从跟风，不投机炒作。买股票就是买公司。无论市场短期如何波动，最终都会回归一个理性的"锚"。而这个"锚"就是公司本身的价值。因此从价值投资的角度出发，更应该去关注公司的商业模式、盈利状况、竞争对手这些最核心的东西，而不被市场情绪牵引着"随机游走"。

当然，即使站在理性投资和价值投资的角度，有时候短期结果仍然会不如人意，因此，正念投资也意味着坚持长期投资。保持耐心，用长期视角去看待市场，也就能够理解并正视市场的非理性部分。当市场发生波动时，我们可以正视自身的贪婪和恐慌，也能理解这些情绪是来自短期的波动，而短期的波动必然会回归于长期的理性。

因此，正念投资的核心是正视情绪，保持理性，既需要回归价值投资的本质，也需要坚持长期投资的理念。理性投资、价值投资、长期投资，三者兼而有之才是正念投资。

2024 年 4 月，国务院发布资本市场新"国九条"；其中，强调大力推动中长期资金入市，持续壮大长期投资力量，督促树牢理性投资、价值投资、长期投资理念。在某种程度上，这和正念投资的观点不谋而合。

事实上，对于一个久经沙场的投资者而言，这三者早已深谙于心，新"国九条"的提法并不是全新的理念，正念投资也不是无中生有。正确的事情一直存在，关键是身体力行地坚持下去。难点在于当市场走势与我们的预期相反时，我们的情绪会不由自主地受到影响，从而导致行为变形。想要通过传统的方法去对抗波动、对抗情绪，最终被证明是徒劳的。

"换一个脑袋"在这里就意味着，通过正念让我们的心平静下来，用平和的方式与情绪共处，用智慧去解决问题，用专业去驱动投资。

● 正念是什么

念＝心＋今，东方的文字蕴含了丰富的智慧。正念从字面上看，就是安住当下，是解决人世间痛苦烦恼的良药。

正念与佛学有着深厚的渊源。它源于佛教八正道。公元前5世纪，释迦牟尼提出了八个修行的方法，包括正见、正思维、正语、正业、正命、正精进、正念、正定。正念就是其中之一。它旨在通过禅修、静观、冥想等形式修炼身心，破除执迷，达到心态平和与智慧。强调安心当下，止住因计虑过去和未来而纷乱的心念，发展定力，洞见事物之间的联系，体验物我无分、人我无别的融合。

现代正念概念和应用的发展，主要归功于美国麻省理工学院分子生物学博士乔·卡巴金（Jon Kabat-Zinn）。1979年，卡巴金博士结合西方科学研究与东方智慧，创设了正念减压疗法（mindfulness-based stress reduction, MBSR）。他剥离了正念背后的宗教内容，保留了集中当下、不评判等核心思想，开发了一系列适用于心理健康和医疗领域的正念训练课程，旨在帮助人获得心灵的宁静和解脱，帮助人们减轻压力、缓解疼痛、改善心理健康。

正念意味着以一种特殊的方式集中注意力：有意识地、不予评判地专注当下。这种专注使我们对当下的现实更自觉、更清明、更接纳。它使我们清醒地认识到一个事实：我们的生命只在一个又一个当下中展开。如果我们带着全然的觉知安住于当下，由于我们在这一时刻的存在，下一时刻就会不同。因此，我们就可能会发现更富有想象力的方法，全然地过上真正属于我们的生活。当我们对此刻当下加以注意时，增强的觉知就会呈现出来，可以有意识地接受事物的本然而不加任何评判。

正念让我们不要将念头误作真相，不要轻易地被卷入情感的风暴，情感风暴通常会加剧我们自身和他人的痛苦。同时，正念并非强迫你的心念不去飘移，而是让人学会在心念飘移的时候，如何尽力对此保持觉察，并尽量温和地把注意力重新导向在那个瞬间、在此时此刻正在展开的生命，重新导向对我们来说最显著、最重要的事情。

循序渐进的正念练习，可以帮助我们提升专注力。而专注力是达成目标、获取幸福的基础。同时，正念练习也可以帮助我们调节情绪，以稳定的心态去应对生活的风雨。打个比喻，在风平浪静的时候，湖面就像一面镜子，能够真实地反射天空、花草、树木、路过的人等。而当一阵风吹过，湖面乱了，反射的风景自然也看不真切了。我们的心就和湖面一样，越是平静的时候，越能够专注，也越能看见并感知事物的真相。长期坚持正念练习的人，能够保护好自己的内心，不会因为别人的评判而受到干扰，而是如实接受外部的信息输入，并用毫无保留的心去接受、去尝试。

● 正念的科学原理

让我们先来想象一个场景。当你一个人正聚精会神地看书时，周围非常安静，突然耳边传来一阵刺耳的电锯声或者重击声，你的楼上或者楼下某户人家开始装修了。此时，你的内心开始烦躁，电锯声刺耳的声音令你心烦意乱。你再也无法集中注意力。虽然书上的每一个字你都认识，但连在一起都仿佛在说"烦"。

对于一个长期修习正念的人，噪音的干扰则小很多，甚至可以做到毫不在意。噪音只是客观存在的事实，不带有任何标签。你之所以感到烦躁，是由于你的个体感知对噪音有了某种先入为主的印象。没有任何事物是可以离开个体感知而独立存在的。一百个人眼里有一百个哈姆雷特，一百个人心里也会对噪音有一百种看法。因此，如果你对于声音感到强烈的不适，那在你的意识中，已经对声音做了加工。因此，核心在于你的"加工"。用何种心态如何面对噪音，进而如何审视噪音，才是导致噪音扰乱你心绪的原因。当你越是深入地审视、理解了自己的"加工"流程，就越能摒除个体感知的干扰，也就越能接纳这种感觉，负能量就会随之散去。最终，噪音再也不"噪"了，也就不会再干扰到你了。

以上案例并不是故弄玄虚。经过正念训练的人，对于所谓负面事件、负面情绪都会有不同的应对方式。而这背后，有着扎实的科学依据。这里，我们分享几个和正念相关的代表性研究，包括正念冥想对端粒体的影响、对大脑结构和功能的影响以及对表观基因的影响。

对端粒体的影响

我们的染色体是由双螺旋结构的基因所聚集而成。端粒是染色体的末端部分——可以把它想象成鞋带末端的那个小塑胶套，它在染色体定位、复制、保护和控制细胞生长方面具有重要作用。细胞每分裂一次，端粒就会变短一些，且会随着年龄的增长进一步磨损。当端粒DNA的长度缩短到一定程度时，细胞将终止其功能不再分裂，并逐步走向衰老和死亡。端粒酶则是一种能够重建和维护端粒的酶类物质，它能够帮助端粒长度得到恢复和延长，从而延缓细胞衰老的过程。

2009年，美国生物学家伊丽莎白·布莱克本等三人因发现端粒和端粒酶保护染色体的机制而共同获得诺贝尔生理学或医学奖。她在一篇论文中写道："人保持年轻的秘诀不是哀悼、担忧，或预期麻烦，而是明智认真地活在当下。"布莱克本博士多年来一直把正念冥想以及端粒和端粒酶的研究放在一起，并得出了正念冥想可以延缓衰老的结论。

她和加州大学旧金山分校的埃莉萨·埃佩尔（Elissa Epel）及同事发现，我们的思维和情绪，尤其是处于高强度压力之下时，似乎会影响衰老的速度。而这种影响会一直达到细胞和端粒的水平。也就是说，压力促使细胞老化，加速衰老过程。压力人群的端粒酶活性显著降低，端粒长度缩短。

对大脑的影响

马萨诸塞州总医院和哈佛医学院的神经科学家们曾经做过一项关于正念减压计划的科学研究 [1]，追踪调研过去从未冥想过的人，在每周参与一次正念减压课程并被要求每天在家里练习 30—40 分钟后发生的变化。他们发现，在接受标准八周正念减压课程后，测试者与学习、记忆、情感调节、同理心、换位思考等相关的大脑区域会发生有益的变化。

对正念产生有益回应的大脑部分区域主要包括：

（1）海马体。它位于大脑的颞叶内侧，对于记忆的形成和存储起到关键作用。在阿尔茨海默病等痴呆症中，海马体细胞受损是导致记忆障碍的主要原因。

频繁且规律的正念练习会使海马体的厚度增加，而这部分脑区涉及个体内部感受和躯体感受的知觉以及情绪调节和反应控制活动。这也解释了为什么正念在培养正性情绪和保持情绪稳定性方面具有较强的能力。因为大脑已经开始自动地学会如何去控制情绪，而不再需要个体用自己的认知强迫自己去冷静下来。

---

[1] 可参见 Lazar et al., 2005, "Meditation Experience is Associated with Increased Cortical Thickness", *Neworeport* 16（17），1893—1897。

（2）前额叶。它位于大脑的前部，主要负责执行功能、决策、社会行为等。前额叶损伤可能导致认知障碍，表现为计划、组织能力下降，以及人际交往困难等。

正念冥想训练可以显著激活个体大脑的左侧前额叶脑区，这一区域的增强与以往学习正性情绪的脑部结构有关。也就是说，当进行正念练习的时候，大脑感受到的是一种以往体验过的正性情绪。而这是一种久违的情绪，因为当下我们体验到的更多的是那些焦虑、担心、害怕的情绪。

（3）杏仁核。它位于大脑的中央部位，是大脑中控制"战斗或逃跑"的区域，杏仁核与情绪的产生和调节密切相关，尤其是恐惧和焦虑。它通过接收来自感官的信息，并评估这些信息是否具有威胁性，从而引发相应的情绪反应。杏仁核的功能异常与多种精神疾病有关，如焦虑症、抑郁症、自闭症和创伤后应激障碍（PTSD）等。

研究发现，经过八周正念训练，参与者的杏仁核的活跃度下降了，变得安静下来。而且让他们惊讶的是，不仅功能改变了，杏仁核某一部分的结构也变薄了。八周是一个很短的时间，但它重塑了大脑的某些结构。

对表观基因的影响

在我们的传统观点中，遗传基因是无法改变的。但是最近的科学研究表明，基因表达受思维方式、情绪及行为模式等多种因素影响，而长期的正念练习可以改变一个人的基因表达。一个人经过长期的正念练习，有可能改变自身的基因表达。

表观基因记录着生物体的 DNA 和组蛋白的一系列化学变化；这些变化可以被传递给该生物体的子代。表观基因参与基因表达、个体发展、组织分化的转座子的抑制过程。不同于其底座基因，表观基因并不是静态不变的，它可以被环境因素动态更改。也就是说，即使拥有的基因相同，基因表达也可以发生可遗传的改变。

研究表明，环境刺激与生理反应和认知反应之间存在表观遗传联系。通过正念冥想、内观、瑜伽等运动训练，可以调节情绪和注意力，通过引起更大的内在沉默状态，增强自我意识。尤其令人惊讶的是，冥想练习似乎可以作用在相同的基因靶标上，以促进内分泌、神经元和行为功能。也就是说，通过冥想达到内在的宁静状态，有可能可以预防甚至逆转有害压力环境下的负面影响。

● 用正念的七个态度面对投资

卡巴金博士提出了正念修习的七个态度：非评判、保持耐心、初学者之心、信任、不争、接纳和放下。事实上，这七个态度对投资也同样适用。如果你想在投资中有所建树，或者是已经在投资行业深耕多年却遇到瓶颈，都可以试着"换一个脑袋"，用正念的七个态度去重新看待投资，或许会有完全不同的认知和感悟。

1. 非评判（non-judging）

非评判就是不对自己的情绪、想法、病痛等身心现象作价值判断，只是纯粹地觉察它们。不作判定不是逃避。不要被感觉摆布，不要让感觉替你做决定。

非评判的第一层意思是，不要对已经发生的市场走势有任何主观上的喜好或厌恶。市场纷繁复杂且瞬息万变。很多时候，价格会偏离我们的预期，甚至向预期的反方向发展。此时，我们自然会有诸多不满，并认为"市场错了"。但是，市场本身是各个参与者决策共同作用的结果，它反映了大多数人的想法，本身并没有对错，只是一个既定的客观事实。而我们的不满相当于将自己的主观情绪强加于客观事实上。一旦认为是"市场错了"，我们就无法客观分析走势背后的逻辑，对自己可能存在的失误也会视而不见，无法从中汲取经验和教训，也因此很难获得较好的投资收益。

非评判的第二层意思是，不要对已经做出决策的自己产生情绪评判。过去的事情已成历史，投资是面向未来的。如果执着于自己过往的行为，那就无法向前看。不是说投资不需要反思或复盘，而是说不要让主观情绪干扰理性分析。在我们的头脑中，总有一部分在不断对我们的行为做出评价，和自己的预期比，也和他人的表现比。今天的投资收益是比别人做得好，还是比我自己预想的差。无穷尽的评判如同泰山压顶，让我们喘不过气。此时此刻，无需克制情绪，让它们自然地呈现，然后仔细观察。情绪本身没有好坏之分，只是一种自然的、人体应对外界讯息的方式。不要用主观的想法定义情绪，更不要企图去消灭情绪。情绪本身就是"我"的一部分。随性而起，随性而灭。

在投资中，静观市场变化，不对市场产生不满的情绪，也不因为已做出的决策对自己不满。不去评判市场的好与坏，不去抑制自己的情绪，只是纯粹地觉察市场走势，觉察自己的情绪。非评判的核心是要让本我呈现出来。做决策的是现在的"我"。一旦将市场或者观点、情绪贴上好与坏、是与非的标签，我们就会不自觉地被引导到某个方向，也就违背了本来的意愿。而失去了本来的"我"，又怎么能做好投资呢？

2. 保持耐心（patience）

耐心是指对自己当下的各种身心状况保持耐心，有耐性地与它们和平共处。不被市场节奏影响，根据自己的投资逻辑，耐心等待合适的时机买入或卖出。

投资本质上是一个概率游戏，从短期看结果是随机的，但以长期维度看，专业水平是可以分高下的。古往今来的投资大师都是耐得住寂寞的。利弗莫尔曾经说过："优秀的投机家们总是在等待，总是有耐心，等待着市场证实他们的判断。"巴菲特也曾经表示："我人生的巨大财富来源于两个字：耐心"。保罗·萨缪尔森亦曾说过："投资应该是枯燥的，而不应该是刺激的。投资更应该像等候油漆变干，坐看小草生长。"因此，耐心是投资成功的核心要素之一。但是，等待的过程可能比我们想象中更漫长、更煎熬。

首先，何时买入需要耐心等待。一个良好的买点可遇不可求，而等待通常是索然无味的，总有一种想要做些什么的冲动。这时候，尤其需要保持耐心，不要因为急躁扰乱了预定计划。巴菲特常常挂在嘴边的就是，"等待好打的慢球十分重要"。你可以整天耐心地等待中意的球，然后趁外野手打瞌睡的时候，快步上前，一击而中。

其次，建仓之后，等待上涨的过程也需要耐心。市场的节奏有时候会慢于我们的预期，当其他个股已经开启上涨趋势时，这种对比尤其难熬。但事实上，等待既是获取盈利的必要条件，也是验证前期建仓思路的好机会。如果建仓逻辑是正确的，那就保持耐心。四季有规律，万物有因果，该来的总会来。而如果经过时间验证，证实建仓逻辑的确有问题，那就给了我们机会去纠偏。因此，耐心不仅让我们离盈利更进一步，也让我们离亏损更远一点。

最后，等待卖出时点亦需要耐心。"拿不住"是很多人做不好投资的重要原因。市场起飞，我们反而会患得患失。但事实上，趋势一旦开启，就很难在短期内终止或者转向。因此，为了追随趋势，需要耐心持股，让盈利奔跑起来，直到真正的卖点出现。

3. 初学者之心（beginner's mind）

保持初学者之心，愿意以赤子之心面对每一个身心事件的发生。在投资中，也应该以"初学者之心"应对市场的纷繁复杂，不断迭代投资方法，不带偏见地应对市场的新状况。

对于大多数人来说，随着年龄的增长、社会阅历的积累，我们会形成一套既有的处事模式，看待问题和事物的角度会从以往经验出发，而不再寻求新的方法和新的路径。这当然不是什么坏事。但是，坚守既有道路，就意味着不会去探索新的路。经验的另一面就是墨守成规。而如果敞开心扉，去拥抱一切新的事物和可能性，则有可能拓宽我们的视野，也可以将人生道路越走越宽。

投资的本质是面对未来。而未来永远是不确定且充满变化的。市场上每天都会出现新的信息、新的逻辑、新的主题和新的策略。如果缺乏初学者之心，将自己封闭起来，仅仅以过去的经验和方法去应对市场的变化，就相当于犯了刻舟求剑的错误。有一些过往业绩出色、驰骋沙场已久的投资经理在时代变迁、新产品破茧而出的时候遭遇了业绩滑铁卢。他们会感慨市场变了，看不懂市场的走势和逻辑。但本质上，是自己限制了自己，固步自封在过往的投资逻辑中，本能地抗拒新东西，不愿意用"初学者之心"去看待新事物的发展。将不符合自己认知的东西都被定义成不正确的，对新产业新概念的公司嗤之以鼻，那自然会错失极佳的投资机会。不是市场变了，而是他们没变，没有跟上时代的步伐。

乔布斯曾经说过："拥有初学者的心态是件了不起的事情。"正是有初学者之心，以及对新知识、新技能的开放、好奇的心态，他才能创造出跨时代的苹果手机。否则，现在可能仍旧是诺基亚的天下。投资亦如是。对市场保持初学者之心，学习新的方法，打磨新的投资策略，接受市场新的变化，不断迭代投资能力，才有可能跟上市场的节奏。

4. 信任（trust）

信任是指信任自己，相信自己的智慧与能力。在投资中，对于已经执行的投资策略，不患得患失，不在将信将疑中轻易更改投资计划。

信任本身是一种强大的信念。彼得·林奇曾经说过："炒股要有自信，没有自信就会失败。"通往成功投资的道路有千万条，如果对自己既定的策略没有信任，放弃自己熟悉的路径，而转向别人已经打磨很久的道路，是很难与之抗争的。相信自己，信任自己，才有可能使自己以最真实、最纯粹的样子脱颖而出，也能将自己最强的实力发挥出来。

如果我们对自己的专业能力产生了怀疑，就不可能在既定策略上获得成功。市场变幻莫测，没有人能赚到市场上的每一分钱。但是对于在自己能力范围内的投资，我们要对自己完全信任，坚持己见。很多坚持价值投资的投资者在市场风格发生改变，偏向小盘股时，或许期初还能对自己的既定策略保持定力，但随着前者在业绩上的领先幅度越来越大，也慢慢对自己产生怀疑，而转向另一边。但此时，很可能市场本身也发生了转变，原先的策略又成了主流的赚钱策略，而自己再次错失，于是失败发生了两次。

5. 不争（non-striving）

"不争"是指无需过度用力追求某种投资结果。做好当下的自己，如实觉察当下发生的一切身心现象，未来就是当下的结果。从长期看，正确的投资逻辑和方法终究会带来好的投资结果。

"不争"不是指躺平或无所作为，而是不妄作为、不过多干预。不违背客观规律，充分发挥创造力，做到自我实现。所谓"尽人事，听天命"，就是要全力以赴把自己能做的事情做好，对于结果能够坦然接受，不强求，顺其自然，使事情按其本来的方式发展。

从时间轴来看，在投资前期我们需要尽可能地多"争取"。此时，决策权掌握在自己手里。因此，要发挥主观能动性，多学习多钻研。考虑多个变量、多种场景，并制定相对应的投资策略。此时，持有怀疑之心是正确的。从多个角度去思考问题，去质疑投资策略逻辑的可靠性，都是帮助我们提高胜率的方法。但是，当我们做出投资决策后，就需要切换到"不争"的状态。即使从短期看，结果并不符合我们的预期，也无需过多干预。一个单独的投资事件是有其偶然性的。当结果与我们的预期不符时，并不一定是投资决策的问题，而是事物本身就存在不确定性。此时，不需要过多地去干预，或者改变之前的既定策略。长期来看，一个行之有效的策略自然会给我们带来好的结果。如果事与愿违，那我们就继续打磨，等待下一次的机会。

6. 接纳（acceptance）

愿意如实观照当下自己的身心现象。市场有不确定性，即使做了充分准备也有可能事与愿违。允许世界如其所是，而非如我所愿。

如果我们可以真正做到不争，自然就可以接纳所有的结果。在投资中，我们所说的接纳可以分为两部分。首先是接纳亏损，学会接受亏损是迈向成功投资的关键一步。我们前面说过，投资是一个概率游戏，亏损是必然会发生的。其次是接纳亏损发生后自己的情绪，包括懊悔、不安和恐惧等种种。不要让情绪禁锢自己的思维，羁绊了自己的行为。如果我们与自己的情绪和感觉对抗，往往会使事情向更不好的方向发展。我们会分心，无暇顾及投资中重要的信息。如果市场如我们所愿，那就万事大吉；如果市场不及预期，那么我们也无法改变。如实接纳，不要让心忐忑，而是平静下来，凡是过往，皆是序章。

7. 放下（letting go）

放下种种的好、恶分别心，只是分分秒秒地觉察当下发生的身心事件。投资本身是一场修行，无论结果好与坏，都应放下，去面对下一次的机会。

投资是个"修罗场"。从浅显的角度看，每个参与投资的人都是来战斗、来赚钱的。从更高的维度看，每个参与投资的人都是来修行、来顿悟的。这里的"修行"不仅仅指修习专业技能，更多的是修心。每一次的底部都让你有机会觉察内心的恐惧，每一次的顶部也让你有机会觉察内心的狂妄。在这里，所有的情绪都被放大了，让你有机会去更清晰地了解自己，剖析背后的原因。接纳非我所想的结果还不够，我们还需要向前看。为了轻装上阵，就要放下。放下成败，放下贪婪与恐惧，放下所有，让你的心轻盈起来。这样的话，才有可能整装待发，勇往直前。凡是未来，皆有可期。

● 适用的正念练习

在复杂多变的市场中，投资者的情绪会随着市场的波动而起伏。既然想胜人一筹，那就需要独门秘籍。此时，花点时间去观察你的想法、情绪和身体感觉，并思考它们之间的联系，是让自己平静下来的方法。而平静后的自己，才有可能做出理性而不是偏颇的投资决策。

在这一部分，我们将介绍一些简单而有效的正念方法，帮助我们将游离的心绪回归本位。正念练习并不复杂，在日常生活或者某些特定场合、特定情绪状态下均可以实践。别畏难，慢慢来，每天给自己一点时间，一次做一个练习就好。从简单的开始，慢慢感受自己的变化，去体会正念的神奇之处。请记住，正念的力量存在于修习和运用中。

以下练习建议配合音频引导[①]，以帮助我们全然投入。引导语参考了童慧琦老师、温宗堃老师、陈德中老师等的相关正念教学音频，并结合作者自己的体悟做了调整。希望对读者有益。感兴趣的读者也可以自行进一步了解。

正念呼吸

现在，请坐下来，可以坐在椅子上，也可盘腿坐在垫子上。背部挺直，尽量不要靠着椅背。脊椎从下而上地延伸，颈椎放在胸椎上，胸椎放在腰椎上，腰椎放在尾椎上。像山一样很有尊严地坐着。下巴微微内收，舌抵上颚。双手可以交叠在一起，也可以舒适地放在膝盖

---

① 关注本书作者主理的公众号"木爷说"，后台回复"定力"，即可获取音频课程。

上。留意一下臀部与坐垫或椅子碰到的接触感。然后把注意力带到你的脚底板，感觉脚底板与地面之间的接触感。体验一下脚踏实地的感觉，感受大地对你无条件地支持。

现在，感觉一下你的身体正以这样的姿势坐在这里。如果环境安全，可以轻轻地闭上眼睛，或者目光柔和不聚焦。开始留意一个事实，这个事实就是你现在正在呼吸。觉察呼吸在身体上的感受：可以留意鼻端气息的进与出，或者留意胸部、腹部的起伏。把注意力放到自己感受最明显的位置。留意气息的状态，保持自然呼吸，不需要用任何方式去控制它。当气息进来的时候，清楚地知道它正在进来，当气息出去的时候，清楚地知道它正在出去。有时它会在进与出之间短暂停止，也清楚地知道它正在暂停。像个旁观者，放松又警醒地觉察自己的呼吸。

或早或迟，你的心会游离，各种念头、想法会冒出来。如果发现心在想东想西，而不是在呼吸上，那是非常正常的，不需要气馁，也不需要去消灭头脑中的念头和想法，我们只需观察一下心跑到哪里去了，然后轻轻地、温柔地，再把念头带回来呼吸上就好。心跑掉多少次，就把心带回来呼吸多少次，保持耐心就好。不用期待要达成什么境界，也不需要达到平静状态，更不需要做到心无杂念。就只是单纯地体验呼吸、观察呼吸，接纳自己此时此刻的状态，那就足够。

这是属于你的时间，属于你的脸。

当你准备好要结束这一次正念呼吸练习的时候，可以做几口深长的呼吸，并且，可以搓热手掌，轻轻地按摩一下眼睛、面部。然后慢慢地睁开眼睛。

祝你平安，祝你健康，祝你幸福，祝你自在。

山的冥想

找一把舒适的椅子坐下，你可以把手安适地搁放在腿上，双肩全然放松，头部端然放在头颈及双肩之上。尽量让身体保持静止，体验一种力量、尊严、优雅、自在的感觉。

当你准备好的时候，可以微微地闭上眼睛，把注意力带到你的呼吸上，感觉每一次的吸气、每一次的呼气，只是去观察呼吸，而不需要尝试以任何一种方式改变它，或者调节它。

就这样端然地坐着。现在请在你的脑海里想象一座你见过的或者知道的最美的山，让它在你的脑海中慢慢聚焦。

你可以仔细观察山的整体外形。去留意这座山是多么雄伟、壮美、如如不动。

当你觉得准备好的时候，看看能否把这座山带到你自己的身体当中，这样，你坐在这里，就像一座山一样，一座会呼吸的山，如如不动地坐在这里。你的头变成了高高的山峰，你身体的其他部分支撑着你的双肩和手臂成了山腰。你的臀部和腿部成了坚实的底座。就这样像山一样地坐着，静观日夜的变化。白天有蔚蓝的天空，晚上有璀璨的星空。

山就在那里，如如不动。

不管是春天的温暖、夏天的炎热、秋天的萧瑟还是冬天的寒冷，大山巍然，一直是它自己，安然地涵容着一切变化。山会遇到晴天、太阳、彩虹这样美好的时刻。山里也会有狂风、暴雨，甚至下冰雹的时候。

山如如不动，静观世间的变化。

我们可以学习山，同样静观我们身心的变化，无论内心是狂风暴雨，还是淡淡的平静，无论是愉悦的、不愉悦的，舒服的、不舒服的，想要的、不想要的，喜欢的、不喜欢的。

我们只需要静观身心的变化。

有时候会有登山客来拜访这座山，他们会评价山的雄伟、不雄伟。但山仍然做它自己，如如不动，并不因人们的看法或者季节的变化而变化。

在我们的生命当中也会有这样的时刻。我们可以学习山，不管别人怎么说，我们知道自己如如不动，只是做自己。

不管是在这样静坐或者人生的旅途当中，我们都可以学习山，做自己，静观世界的变化。

我们可以与大山的力量和挺拔相连，并让这份力量和挺拔变成我们自己的。我们可以用大山的能量来支持我们的能量，带着平衡和明晰去面对生活中的每一个时刻。

你可以在冥想练习中时不时地提醒自己，带着爱意的觉知，带着决心和警醒，在真正的静默中，像大山一样安坐。

祝你平安，祝你健康，祝你幸福，祝你自在。

正念伸展

今天我们来做一个简单的正念伸展练习。在练习过程中，请用慈悲来对待自己的身体，并用智慧来觉知身体的极限。每个人的身体状况都不一样，如果你无法做某个特定姿势，不必强求。其实，不管是任何动作，即使只是手指弯曲一下，只要带着觉察，就都是正念伸展的一部分。

让我们先做一个预备姿势：山式站立。站立着，双脚分开与肩同宽，脚尖朝向前方，脊背挺直，肌肉放松，想象头顶有一根直线牵引着自己的身体。像山一样庄严地站着，留意脚底板与地面之间的接触感，脚踏实地，顶天立地。

当你准备好的时候，我们就来做一个站式的全身伸展，在一口吸气的时候，缓慢而专注地从身体两侧带起双臂。

一直到双臂与地面平行，手掌往外推，手指头朝天花板方向停留片刻，感觉自己在推两堵墙。你可能会感觉到双手有点酸、胀、麻，这都很正常，只需要去留意、去觉察这样的感觉。

接下来在下一个吸气的时候，掌心朝上，继续将手臂举起，缓慢而专注，继续保持呼吸，留意所有的身体感受，包括用力上举时肩膀和双臂的肌肉可能出现的不舒适的感觉。

继续向上，好像有一个巨人在上面拉你一样，尽量地往上伸展，向着天花板或者天空的方向伸展。

伸展时继续留意身体产生的或细微、或明显的变化，包括可能在逐渐增强的不舒适感。保持这样的姿势一小会儿。

然后慢慢吐气，让手臂顺着两侧往下，与肩同高时，手心朝下，再慢慢让双手，回到身体两侧。

同样的动作可以重复三次。在伸展的过程中，留意自己的身体可能发生的任何感觉，这样的觉察是正念训练的关键。当你重复做了三次这样的正念伸展之后，慢慢放松回到预备式，也就是山式站立。

请记住，要去聆听身体，觉察身体，不需过度用力，在动作幅度以及动作保持的时间长度上，你都可以做出灵活的调整。

就这样，把心放进正在伸展的身体中，用觉知来照见和滋养身体的每一处。

祝你平安，祝你健康，祝你幸福，祝你自在。

正念行走

请找到一个安静、安全的空间，可以在室内，也可以在室外，这个空间可以让你不受干扰地行走。

现在，我们可以先安静地站立片刻，感觉双脚稳固地站在地面，双臂自然地垂落身体两侧，头部端然。脚踏实地，顶天立地。

现在，我们先练习一下分解动作。行走的每一步分成四个部分：提起、前进、放下、踏稳。现在先提起一只脚，可以是左脚，也可以是右脚，根据自己的习惯来就好，提起后再进行第二步前进、第三步放下、第四步踏稳。当这只脚踏稳后，感觉一下脚底板与地面踏实接触的感受，留意身体重心已经移到这只脚了。此时，另外一只脚的脚跟会自然抬起，然后一样提起、前进、放下、踏稳，直到身体重心又落到这只脚的脚掌上。就这样缓慢地一步一步走，把提起、前进、放下、踏稳这四步的动作当作专注觉察的对象。继续走，只管走，清楚知道你提起的是左脚还是右脚，也清楚觉察此时此刻它正处于提起、前进、放下、踏稳四个动作中的哪一个。

现在我们可以按这样的方法进行正常速度的行走。可以不必将每一步分成提起、前进、放下、踏稳四个动作，只需清楚觉察现在伸出的是左脚还是右脚。一步一脚印地走，脚踏实地去走，体验每一个步伐。就只管走，让心回来觉察你的步伐。体验脚底一寸一寸离开地面，又一寸一寸踏回地面的过程，让心安住在当下的这一刻。行走过程中，你可能会分心。别担心，这很正常。发现自己分心时，把心带回来看看现在提起的是哪只脚，再回来体验脚底与大地的接触感就好。每一步都是第一步，都是唯一的一步。你只管走，只管当下这一步，一步，一步，再一步。轻轻松松、心无挂碍地走，没有要赶去哪里，走路的本身就是走路的目的。每一步都可以回到当下，每一步都可以找到安全平和，只管当下这一步，就只是走。只管体验此时此刻。

每一步都是抵达，每一步都是在回到心真正的家园。

当你准备结束这次行走的时候，请再次静静地站立，做几口深长的呼吸，深深地吸气，缓缓地呼气。

把一份平和喜悦、连接和感恩带入你这一天中的其余的时间里，当焦虑、担忧或不安涌现的时候，请提醒自己，生而为人，焦虑是我们传承的一部分，当我们感到焦虑的时候，我们可以一起迈开步子，在大地上正念地行走。走出焦虑，走进平和，走进喜悦，走进一份连接和感恩。

祝你平安，祝你健康，祝你幸福，祝你自在。

身体扫描

在做身体扫描练习的时候，请找到一个安静、温度合适的空间，给自己留下一个不被打扰的时间。

在铺有软垫的地板上或者床上仰躺下来，也可以在膝部或者头的下方放一个支撑物，以尽量让自己舒适，手臂放在身体两侧，但不用碰触身体。

手掌可以打开，朝向天花板或天空。也可以朝下，让掌心轻轻地贴着软垫或者床垫，双脚自然平放，微微地打开。

请尽可能地跟随着引导语，但也请记住，更为重要的并不是我说了什么，而是你在任何时刻里觉察到了什么、体验到了什么。即使在那些感觉到很困难的时刻，或者是令你不舒服的身体感觉、想法或者情绪升起的时刻，也要保持觉知。

允许事物就是你所发现的那样，允许你就是你自己，这是完全属于你的时间，一个你可以完全独自地、与自己全然在一起的时间，看看你是否能让这一段时间成为滋养你的时间。

现在，请感受一下你躺在这里的姿势。感受你的身体正以这样的姿势躺在这里。感受空气与你身体的接触。

感受气息，感受空气是如何随着你的呼吸进出你的身体。感受你的腹部随着气息的进出而起伏。一起，一伏，继续把注意力放在腹部。

现在将注意力沿着腹部往下带到你的左脚。它们现在是觉知舞台上的主角，给自己一些时间去感受它们，或者去区别一根脚指头和另一根脚趾头。

带着一份温柔、兴趣和爱意去体验我们在这里找到的感觉，也许是脚趾头彼此接触的感觉，或者是冷热、干湿、刺痛、痒麻的感觉。

去感觉脚趾头、脚底板、脚背、脚后跟、脚后跟与地面的接触、脚踝，去感受整个左脚的感觉。

不管你感受到的是什么都好。就只是去感受。把注意力放在那里。

在下一次呼气的时候，我们把注意力往上转移，来到左小腿。小腿的前方，小腿的后方，小腿的两侧，小腿与地面或者与裤子接触的感觉，把注意力放在这里，并停留一会儿。

现在，我们继续往上，把注意力带到左侧的膝盖。膝盖的前方、后方、膝盖的两侧，去体验这些部位的感觉。

随着下一次呼气，我们继续把注意力往上带到左侧的大腿。与左侧大腿所有的感觉在一起。

随着下一口呼气，把注意力带到我们的右脚，去感觉右脚的脚趾头、右脚的脚背、脚底板、脚后跟，脚后跟与地面接触的感觉，整个右脚的感觉。

接下来，让注意力从右脚往上，到右侧的小腿，去感受这里的感觉。

随着下一个呼气，把注意力带到右侧的大腿，与这里的感受同在。

现在我们可以把注意力带到骨盆腔的区域。整个骨盆包裹着的位置，以及后方的臀部，臀部与地面接触的感觉。

现在我们把注意力带到腹部，在这里停留一会儿，去感觉此刻腹部的起伏，以及可能有的任何感受。

随着下一口呼气，把注意力带到我们的后背。下背部，中背部，上背部。与这里的感受同在。

随着下一口呼气，我们将注意力带到身体的两侧。去体验身体两侧的感觉。

现在我们把注意力带到胸腔的部位。肋骨往上，到两个肩膀、整个的胸腔，与这里的感受同在。

现在我们深吸一口气到胸腔。再呼出一口气，把注意力同时带到两只手，两只手的手指头、手背、手掌心、手腕、小手臂、手肘、大手臂、手臂与肩膀连接的部位，体验整个手臂的感觉。

随着下一次的呼气，我们把注意力带到颈部，再带到喉咙，体验整个颈部的感觉。

接下来将注意力往上带到我们的头面部。感受后脑勺与地板接触的感觉，感受下巴、嘴唇、脸颊、鼻子、眼睛、眉毛、额头、太阳穴，以及整个头顶的感觉。

现在我们重新来感受整个身体，从头到脚，感受你的身体躺在这里，感受身体与地面接触的部位，感受大地正牢牢地支撑着你，把身体全然地交给大地。我们可以邀请这个觉知的再次拥抱。整个的身体，从脚趾头往上到腿、躯干，从手到手臂、肩膀、脖子、脸，一路到达头顶，就在这一刻，拥抱整个身体，在觉知和静默中安住，体验内在深沉的宁静和觉醒，就是我们本来就有的样貌，去跟我们重要的完整性连接。在接下来的日子里，以这样友善的方式一再地和自己的身体做朋友。

让你内在的资源滋养你的生命。

祝你平安，祝你健康，祝你幸福，祝你自在。

STOP 练习

当你面对一些刺激到你的事情时，比如你觉得公司业绩考核不公平，同事间发生争吵，或者在开车时有人超车，大脑的自动反应可能会是说出一些让你后悔的话，或者做出一些让你后悔的事情。特别是在做出一些重要的决策，比如投资交易决策之前，你都可以经由 STOP 练习来创造一个空间，避免自己被情绪带走，从而能够做出更理性、智慧的回应和决策。

STOP 是四个英文单词（词组）的缩略语。STOP 的第一个字母 S 就是 stop，停下来。在日常的生活里，当你面对刺激到你的人和事时，无论是什么，首先都要让自己暂停或者慢下来。

STOP 的第二个字母 T 取自 take a breath，做一个呼吸。这里当然是要做一次正念的呼吸，深深地经由鼻子吸气，缓缓地经由嘴巴呼气，你也可以多做几次深呼吸，在呼吸的时候觉察一下鼻端气息的进出，或者腹部的膨隆或扩张。

STOP 的第三个字母 O 也就是 observe，观察。首先，要观察内在的身心体验。此刻你的身体有怎么样的感受？可能胃部有点抽筋，或者脸庞涨得通红。

又有一些什么样的念头或者情绪在升起？是紧张的，还是兴奋的，抑或是其他情绪？

然后把注意力从内在拓展到外在，观察一下你所在的环境。你现在在哪里，你所在的空间里有些什么样的人或者物，现在正在发生一些什么？

STOP 的第四个字母 P 对应 proceed，前行。当你做了前面说的三步，也就是暂停、呼吸、观察，你就可以谨慎前行了。换句话说，你可以继续去做你想做的、需要做的事情。

当你面对一些刺激到你的人或事时，或者在做重要的决策之前，你可以做一下这个 STOP 练习。

让自己停下来、慢下来，做几次深长的呼吸，觉察自己的内在和外在。在这个开阔的空间里，你可以找到自己，更智慧地找到答案，继续去做你该做的事情。

祝你平安，祝你健康，祝你幸福，祝你自在。

正念吃葡萄干

首先，拿一颗葡萄干放到手里。先想一想，你在之前见到过这一颗葡萄干吗？

你可能猛然醒悟，这确实是一场初遇，因为你真的没有见过眼前的这颗葡萄干，你甚至可以忘记它的名字叫葡萄干。

你可以假设它是从外星球降落的物体，不过可以放心，它是可以食用的。

当然，这样的假设只是想提醒我们，哪怕我们曾经吃过成千上万颗葡萄干，我们也都可以怀着好像从未吃过葡萄干的那份初心，满怀好奇地去吃眼前的这颗葡萄干。

准备好了，就请找到一个舒适的坐姿。

当你舒适地坐下来之后，请微微地挺直你的腰背，感受一下脊柱的挺拔，同时放松一下肩膀。你可以观察一下自己的呼吸，并在内心里升起一个意图，接下来要全然地去品尝这颗小物体。

现在，集中注意力看这个物体，仔细观察它，你也可以感觉一下它的重量，并且用指尖去感受它们的质感。探索它的每一个部分，如同你以前从未见过它一样。用你的手转动它，并注意它是什么颜色，什么地方颜色比较浅，什么地方颜色较深。观察它的大小、质感、硬度，观察它的表面是否有皱褶。当你这么做的时候，如果出现下列想法，例如我为什么做这个奇怪的练习，这对我有什么帮助，那就看看你是否能了解这些想法，让它们顺其自然，然后再把你的觉知带回到这个食物上。

接着，请你用手指捏起这颗葡萄干，并且把它朝向更亮的光源举起来。

可能是房间里的灯光，或者照进屋子里的阳光，去观察在不同光线下这个小物体明亮的部位和阴影的部位。

在这样做的时候，也去觉察一下你的手是如何配合着你的意图举起来的。

接下来，可以放下举起的手和手臂，把小物体带到一侧耳朵边上。我们要去听听这个小物体，用指尖轻轻地挤压和捻动它，听听它是否在发出任何声音。

仔细地聆听，可能这是你第一次聆听这样的葡萄干。你甚至可以微微地闭上眼睛，以帮助你更加专注地聆听。

接下来，我们要去闻一闻这个小物体，你可以把它从耳朵旁带到鼻子底下，深深地吸一口气，留意可能有的任何气味，也许是一丝淡淡的甜味或者土壤的芳香。

也许没有什么特别的气味，都好。

也去觉察一下此刻口腔中可能在发生一些什么。

接下来把小物体放到嘴唇上，留意一下它接触到你的嘴唇时产生的任何感觉。

并且，请继续觉察此刻口腔里可能在发生一些什么。

当你准备好的时候，把小物体送进口中，觉察一下它习惯性地落在口腔的哪个部位。左侧，右侧，抑或中间。

在咬下第一口之前，用舌尖轻轻地碰触和搅动一下，并且去留意自己咀嚼的冲动。

接下来轻轻地咬下第一口，感受牙齿渗透进果肉的感觉，品味葡萄干绽放出来的味道。

慢慢地咀嚼，全神贯注地品味这一颗葡萄干，品味当下。

当你继续咀嚼时，请留意，葡萄干一直在变化，仔细地去体验它质地的变化、形状的变化、味道的变化。

留意任何吞咽或者想要再拿下一颗葡萄干的冲动，不带任何评判地，允许自己全然地体验每一种感觉。

当你准备好的时候，可以把葡萄干吞下，感受它通过喉咙的感觉，体验周围的一切都慢下来、沉浸在当下的感觉，就这样，原本在你身体之外的小物体，此刻已经进入了你的身体，并为你的身体提供滋养。

觉察一下此刻你身体的感觉，同时也去留意头脑里可能呈现的想法和情绪。

当我们结束这个葡萄干练习的时候，再观察一下自己的呼吸，感觉葡萄干已经更深刻地成了你的一部分。感受被葡萄干滋养的身体，放松而自在。

祝你平安，祝你健康，祝你幸福，祝你自在。

无拣择觉知

请找到一个安静、不被打扰的地方，采取一个舒适的坐姿。

你可以坐在椅子上，也可以坐在地板的垫子上。

如果坐在椅子上，请将双腿平行，双脚平放在地面，双手安适地放在腿上。

如果没有腰背疼痛，请坐在椅子的前端，尽量不要靠着椅背。像国王一样庄严地坐着。放松但又保持完全的警醒。

你可以想象有一根线在你头顶的上方轻轻地向上拉着你，让你的头、颈部和脊柱处在一条直线上。

如果你觉得舒适且安全，可以微微地闭上眼睛，也可以让目光柔和，朝前下方望去，不需要聚焦在任何物体上，而是视若无睹。

下颌微收，舌尖轻抵上颚。

这样我们就把坐姿调整好了，你可以稍微花一点时间来感受一下在这一份坐姿中感受到的那份庄重与警醒。

我们先把注意力放在我们的呼吸上。你不需要以任何一种方式去掌控或者操纵呼吸，只需要让呼吸自行地发生，只是清楚地觉知当下的每一口呼吸。尽你所能地把这种允许的态度带到你所有的体验当中。

或早或迟，你的注意力会从呼吸的感觉上游离，它有可能会落入思考，也有可能会落入某种情绪。

这种注意力游离是完全正常的，这是心的本能，它既不是错误，也不是失败。当你留意到注意力不再集中在呼吸上时，不妨轻轻地祝贺一下自己，这说明你的心已经回来，再一次与你当下的体验发生了连接。

当你觉得对呼吸的觉察相对稳定时，把你的注意力带到身体感受的层面。通过关注双脚与地板、臀部与椅子或者垫子之间的接触感来聚焦你的注意力。

你可以花一两分钟的时间，如同身体扫描一样来探索一下这些感觉。

在这个当下，没有什么需要修复，也没有什么特定的状态需要去达成，你只需要尽你所能，让你的每一个当下的体验如实呈现并且被感知。

从一个瞬间到下一个瞬间，温和地关注身体的感受。

当你继续这样坐着，可能会有一些感觉升起，比如颈肩、背部或者腰部的酸痛。

你可能会发现，你的注意力不断地被这些强烈的感觉所吸引，让你远离对呼吸和身体的关注。

在这些瞬间里，你可以有意识地把注意力转向这些有强烈感觉的身体部位，尽你所能用温和而又好奇的注意力去探索那些部位的感觉。

这些感觉究竟是怎么样的？确切的是在哪些部位？它们是否会随着时间变化而变化？

不用去思考或者分析它，而是直接去感觉它，去体验这些强烈的身体感受。

正念就是对当下最明显的现象加以关注，带着温和、好奇和接纳，当强烈的身体感觉慢慢消退，你可以重新把注意力带回到呼吸上，或者身体和地面、椅子的接触感上。

就这样坐着感受生命在一呼一吸间展开。

当你感觉到呼吸和身体相对稳定的时候，允许注意力从身体的感觉转移到听觉上，把注意力带到耳朵，让觉知打开，对声音的出现保持接纳。

无论声音来自哪里，你都不需要去刻意地寻找声音，只需要打开你的觉知，接收和觉察来自各个方向的声音。近处的声音，远处的声音，来自你身体前方的声音，后方的声音。

去觉察明显的声音，也去觉察更加微弱的声音，觉察声音之间的空隙，如果没有听到任何声音，那就觉察那份寂静。

当你发现自己在思考或者评判这些声音时，尽你所能重新连接对声音的直接觉察，比如声音的响度或持续的时间，不用去琢磨声音的含义。

每当你留意到你的注意力不再集中于当下的声音时，轻轻地确认一下注意力去了哪里，然后把它重新带回到声音上，留意声音的出现、变化和消逝，从一个瞬间到下一个瞬间。

当你准备好的时候，放下对声音的觉察，把注意力转到想法上，将想法看作一个个心理事件。就像对声音的觉察一样，你可以留意想法的出现、发展、变化和消失，尽你所能对脑海中出现的想法保持觉察。

你不需要对这些念头做些什么，只是让它们自然地出现，就好像你对待声音的升起、变化和消失一样。

这些念头和想法是与工作有关，还是和家庭有关？
不用消灭念头，宽广的觉知才是正念。天空下面的云、
飞机、小鸟，来了走了，觉知就好。我们只管坐在这里，
清楚明白，不为所动。就像山一样，山里面动物跑来跑
去，下雨、刮风，山还是在那里，如如不动。

你可能会觉察到，念头通常和情绪一同出现。

当你觉察到情绪的升起的时候，你可以有意地把注
意力带到情绪上去，留意情绪如何作为心理事件在你的
觉知中升起、变化、消失。

对任何一种情绪都保持开放、好奇和接纳。无论是
快乐的、忧伤的、愤怒的，还是平静的。

尽你所能，单纯地把情绪当作心理活动来觉察。

当你发现自己在对情绪进行评判或者试图改变它们
的时候，尽你所能重新连接到它们的本质，觉察到它们
只是暂时的状态，而不是需要立即解决的问题。

没有任何情绪会永远地持续下去。

正念是一种爱意的觉知，无论你在这个冥想的过程
中经历了什么，都不要对自己过于苛刻，而是给予自己
充满爱意的回应。

你可以继续观察想法、情绪一段时间。然后把注意

力重新带回到呼吸上，或者身体与接触面的接触感上。

接着，让注意力开放，不预设需要聚焦的目标，让注意力灵活地去到当下最强烈的、最明显的现象上。

它可能是环境中正在发生的事情。比如一阵风吹过，风铃发出的声音，也有可能是你内在的体验，一个念头、某种情绪，或者某种身体感受。

总之，你可以把注意力转向当下最明显的现象，直到这个现象消退。

这样的一份不预设、不偏颇、不加选择、全然包含的觉知，就是无拣择的觉知。

当你准备好要结束这一次静坐冥想的时候，你可以做几次深长的呼吸，并且可以搓热手掌，轻轻地按摩一下眼睛、面部。然后慢慢地睁开眼睛。

祝你平安，祝你健康，祝你幸福，祝你自在。

第五章

从正念投资到正念人生

在之前的章节中，我们讨论了影响投资的主要因素以及正念在投资中的融合运用。事实上，投资旅程和人生旅程有很多相似之处。学会正念投资，也会对我们拥有"正念人生"有所帮助。

觉察力需要正念去唤醒，幸福力其实也一样。本章，我们就将深入介绍以正念为基石的 MAGIC 幸福模型。通过这一模型，当下的每一刻，都将变成幸福的奇迹时刻。

更好地做自己，才能成为更好的自己。

● 投资即人生

投资和人生有很多相似之处。很多人觉得投资只是为了赚钱，其实是只见方寸之天，不识广袤宇宙了。投资的外面有着更广阔的人生。如果说，生活就是在你忙着反刍过去和计划未来时所发生的一切，那么投资就是立足当下，回望过去，面向未来。某个角度看，投资是迷你版的人生，而人生是更广阔的投资。投资中的所舍所得都是人生的一个缩影。对待财富的态度，能够映射出对待世界的模式；而获取财富的方式，也取决于人生路径的选择。当我们能够在波动中安如磐石，在诱惑前岿然不动，在成败后荣辱不惊，那么，无论是在投资还是在人生中，自然能够安住当下，悠然自得，收获幸福。

投资目标与人生目标

管理学大师德鲁克说："没有目标，是一切问题的根源。"运用于投资也是如此。在开始投资前，我们需要扪心自问：投资的终极目标是什么？金钱背后，究竟什么才是我们真正追求的？

我们先来看四个代表性人物：

"富二代"小王。作为"富二代"，小王从小含着金汤匙出生，衣食无忧。父母已经给他留下充足的资金应对未来的不确定性。所以，他更崇尚活在当下，愿意将钱花在高品质的生活体验上。此时，他的投资目标就不再是追求更高的财富增值，而是满足日常消费支出，因此在"流动性"上有更多考量。

"小镇做题家"小张。出身贫寒的"小镇做题家"小张靠着自己的努力，成功在大城市立足。但是，相比于提升生活品质，他更追求金钱带来的安全感和稳定性。在日常生活中，他惯于节俭，通过牺牲短期的消费换取更多的储蓄，以应对未来的不确定性。因此，小张更注重资产的稳定增值，对于收益率的要求更高。

白手起家的老李。白手起家的企业家老李，曾经风光一时，但因时运不济，在人生最得意的时候生意遭受重大波折。虽然后来熬过了难关，东山再起，但经历过人生低谷的他，深谙风险的威力，因此对风险控制极其在意，更偏好低收益、低风险的资产组合。

"冒险家"小孙。小孙是天生的冒险家，他充满着激情、好奇心与创造力。无论是生活还是工作，"艺高人胆大"的他，总是愿意搏一搏。也许是他出色的能力，也许是他天生的运气，他的冒险之举都得到了正向的结果。因此，在投资上，小孙一如既往地坚信"高风险，高回报"，对于资产价格的波动并不太在意，更愿意以高风险去换取高收益。

可以看到，上述四个人物因成长背景、生活状态、性格爱好的不同，对于投资有着截然不同的偏好。"投资就是为了赚钱"无法阐明他们的投资目标，也无法导出他们所适配的投资策略。

金钱本身并无意义。纸面上的财富只有转化为想要的人生才有了意义。想要的人生，可以意味着有形的实物，比如"富二代"小王所迷上的最新款跑车；也可以是某种抽象的感觉，比如"小镇做题家"小张想要的安全感和稳定性。

归根结底，投资是为了人生，而非"人生是为了投资"。我们真正追求的是人生的幸福，而投资是实现人生幸福的方法之一。

投资目标应当以人生目标为导向。只有深刻理解客户的人生目标和责任，才能厘清适配的投资目标和策略。现实中，当财富管理机构首次接触一位新客户时，都会有一个"了解你的客户"（KYC）的环节。这个环节不仅仅是搜集客户基本资料、做一份问卷调查、填写风险偏好这么简单。为了更深入地了解客户，投资顾问需要与客户进行多次深度访谈，从客户的兴趣爱好到思维方式，从成长经历到生活愿景，甚至人生观、价值观都需要囊括其中。层层抽丝剥茧下，客户的人生目标才会慢慢展开。而有了人生目标，才会有相对应的投资目标。

在明确客户的投资目标后，才能为客户设计专属于他的资产配置方案，并通过合理的投资策略满足他不同时期的人生需求，最终帮助他实现人生目标。然而，如同人生不能既要又要，投资策略也无法兼顾高收益、低风险和高流动性这三个维度。

收益，意味着投资所期望获得的利润或回报。当我们追求高盈利、高回报，以期实现财富的快速增值时，也需要清晰认知到，高收益往往伴随着高风险，并且可能需要以流动性作为代价。这对于"上有老下有小"，每年还有定期房贷、学费支出的家庭来说就不适合。

风险，指的是投资可能遭受损失的可能性。低风险投资通常意味着更高的确定性，但回报率也较低。这与想要追求财富快速增值的人并不适配。

流动性，指的是资产能否以合理的价格快速变现的能力。这个维度很多时候会被忽视，但实际却非常重要。尤其是在某些急需用钱的紧急时刻，如果持有流动性较低的资产，就会面临有资产但没现金的尴尬局面。

所以说，没有万能的投资策略，只有适配的投资策略。投资并不是以赚钱为目标。但拉长周期看，只要做好资产配置，专业的事交给专业的人，赚钱就是水到渠成的结果。

不确定性与标准答案

投资和人生一样，本质上都是面向未来，应对不确定性。站在当下，没有人能够准确预知未来的市场走向。看似波澜不惊的市场可能早已暗潮涌动，而看似永无止息的惊涛骇浪，可能很快又恢复平静。在动与静、涨与跌之间，市场有时候毫无章法可言。

"变"是永恒的主题。今年是科技股的天下，明年可能又是蓝筹股的地盘；去年独领风骚的龙头股今年可能又沦为市场的弃儿。每年都会有新概念、新名词横空出世，也会有旧概念、旧名词被抛之脑后。如果不能拥抱新的变化，而仅仅以固有的思维和经验去做判断，很可能会被时代和市场所淘汰。

　　为了应对这个"变"，每个投资者都想方设法寻找对策。有的人信奉价值投资，有的人推崇技术分析。从结果看，皆有可成。罗马可能不是永恒的，而通往罗马的道路有千万条。

　　对于人生来说，不确定性更是贯穿始终。"人生易尽朝露曦，世事无常坏陂复。"无论是出身名门望族，还是普通人家，都无法预知人生轨迹，改变人生进程。有人年少成名，有人中年得志，有人迟暮之年成功才姗姗来迟。就算是精心设计的人生剧本，也有可能被突如其来的外部因素所改变。

　　而面对不确定的人生，每个人由于先天禀赋、教育背景、成长经历的差异，所追求的目标必然也不一样。"汝之砒霜，彼之蜜糖。"在山野里长大的孩子向往城市的繁华，而见惯了霓虹灯的城里人向往无拘束的大自然。甚至在不同的人生阶段，我们所追求的也会改变。没有对错之分，只有合适与否。

　　因此，人生没有既定流程，也没有标准答案。我们自己定义意义，再创造意义。所谓的意义，可以是金钱、健康、家庭和睦，也可以是各种非普适的目标。外界的评价往往是一把枷锁，而不是你理所当然应该完成的目标。看似碌碌无为的普通人，可能深谙小富即安、小成即满的道理，享受着知足常乐。而站在世俗意义成功的巅峰，尽管受到众人追捧，也可能常常感到高处不胜寒。

生命的旅程不必拘泥于同一条路，少有人走的路或许也不错。如何选择，更多是遵循内心，而不是对标他人。

概率游戏与长期主义

格雷厄姆曾经说过："市场短期是投票机，长期是称重机。"短期内，市场呈现杂乱无序的状态，价格是情绪投票的结果。但如果将时间拉长一点，短期的偶然性会被时间熨平，随机游走的背后是有迹可循。对于价值投资者来说，公司基本面是股价永恒的锚，几斤几两自有定论。而对于技术分析派而言，趋势的出现必然伴随着某些特定图形或者成交量的变化。正如我们在第一章所言，投资本质上是一场概率游戏。短期可以靠运气，但长期必然是看实力。

在股市中，"一年翻倍者众，三年翻倍者寡"，也是这个道理。想在股票市场一年翻一倍，只需重仓押注一两只股票，如果赶上风口，就有可能实现。但这种操作方法本质上是赌运气，而靠运气赚来的钱最终都会凭实力亏回去。想要连续几次都赌成功，从概率上看约等于天方夜谭。因此，靠"一把梭哈"的方式绝无可能成就三年一倍的投资结果。长期稳定的收益必然来自过硬的专业和稳定的心态。从简单的计算来看，第一年翻一倍，第二年亏一半，最终两年的收益是零。而第一年赚10%，第二年也赚10%，最终的收益率是21%。谁输谁赢，一目了然。如果时间更长，差异就更明显。

其实人生也一样，有很多偶然性，但也有更多必然性。运气当然有用，但是好运气有耗光的那一刻，坏运气也总有熬过去的那一天。"自助者，天助之。"本杰明·富兰克林曾经说过："我未曾见过一个早起、勤奋、谨慎、诚实的人抱怨命运不好；良好的品格、优良的习惯和坚强的意志，是不会被假设所谓的命运击败的。"所有的财富和荣誉，都是"一分耕耘，一分收获"。

在心理学中，有一个被称为"吸引力法则"的效应，指人的思想总是与和其一致的现实相互吸引。心中有所想，事才有所成。积极的思想和情感可以吸引到积极的结果，而消极的思想和情感则可能吸引到消极的结果。当一个人怀揣远大目标、拥有积极心态并愿意持续努力时，与一个"躺平"的人相比，他更有可能得到外界的帮助和支持，从而实现人生的"正反馈"，收获更美好的人生。

因此，投资与人生，都是一场马拉松，无需过分在意短期得失。在一次次起伏中，坚持做正确的事情，更好地做自己，成为更好的自己。所谓的"投资大神"，不是因为他们天赋异禀，而是因为践行"复利效应"，坚持"长期主义"。而人生的赢家，也不是只靠运气，更需坚持"天行健，君子以自强不息"。年过九旬的"股神"巴菲特，依然将最基本的价值投资奉若至宝，成为千万人的投资明灯。

选择与取舍

资产配置之父加里·布林森（Gary Brinson）曾经说过："从长远看，大约 90% 的投资收益都是来自成功的资产配置。"这一方面是由于市场充满不确定性，需要分散风险，不能把所有的鸡蛋放在一个篮子里；另一方面，也是主动选择、提升资金使用效率的结果。在资产轮动的过程中，通过选择增长潜力大的资产，并将更多的资金配置其中，从而提高整体投资组合的预期收益。

巴菲特有一条很重要的投资原则，就是不要做自己不懂的事情。因此，他一直聚焦在自己的能力范围内，以看得懂的消费品为主，而对看不懂的科技股敬而远之。所以，他可以持有可口可乐长达几十年，但直到 2016 年才第一次买入科技股"苹果"。他解释说："从对护城河和消费者行为的分析来看，与其说苹果是一家科技公司，不如说它是一家消费品公司。"不是巴菲特变了，而是投资标的从他的能力圈外移到了能力圈内，从看不懂变成了看得懂。"股神"尚且如此，何况普通人？与其面面俱到、妄想赚到每一分钱，不如心无旁骛，保持专注，坚守能力圈，对未知保持敬畏之心，这才是投资成功的必备条件。

所以，投资本质上是一系列选择的结果。选对了，自然赚钱，至多是等待的时间长一点；选错了，即使短期拥有盈利也会化为乌有。成功的投资者与其说是精于计算，不如说他们更懂得选择与取舍。

相似地，人生也是由一个个选择串联而成的。每一次选择，都像是在岔路口的驻足，决定了前行的方向。巴菲特的私人飞行员弗林特曾经问他，应该如何制定人生目标。巴菲特没有直接回答，而是让他在一张纸上写下他的前 25 个目标。之后又让他把其中最重要的 5 个圈出来。最后，出乎所有人意料的是，他让弗林特把他没有圈出的 20 个目标放在一个"不惜一切代价也要避免"的清单上，而把所有的精力都聚焦在前这 5 个目标上。有可为，有可不为，泾渭分明。

庄子说："吾生也有涯，而知也无涯。"人的一生看似很长，其实才短短三万天，时间和精力都非常有限。如果每个人都有超过 25 个目标想去尝试、想要实现，那分配到每件事上的时间和精力都会非常有限，最终可能一事无成。在有限的生命里，我们要选择对自己而言最重要的事，并且专注于此。有所弃才能有所得，有所得必须要有所弃。

投资即人生。两者相辅相成，融会贯通。接下来，就让我们将目光从如何做好投资，延伸到人生的终极目标：如何收获幸福。

● MAGIC 幸福模型

如前文所述，投资和人生，两者非常相似，都是在不确定中找到一些确定的规律，持之以恒，以实现目标。既然投资有相应的方法能够实现较好的收益，那用在人生上，是否同样也有一套"放之四海而皆准"的幸福模型，能够帮助我们收获幸福？

MAGIC 幸福模型或许是一个答案。所谓 MAGIC，是 mindfulness（正念）、altruism（利他）、growth（生长）、intention（意义）和 courage（勇气）五个英文单词的首字母合集。不偏不倚，正好构成 magic（神奇）一词。和投资一样，想要获得长期、持续高质量的幸福人生也是有方法的。这五个词就是构造幸福人生的关键要素。面对纷繁复杂的人生，通过这五个不同的维度，让你能够直击内心最深处，照见最真实的自己，并做出最合适的抉择。当然，每个人的天赋秉性不同，会赋予这五个维度不同的权重。人生没有标准答案，幸福也可以有多种诠释。

什么是幸福

当你在网上搜索"什么是幸福"，会出现五花八门的答案。每一条都看似言之有理，每一条又似乎不过泛泛而谈。古往今来，无论贫穷贵富，人们对于幸福的追求从未改变。2002 年，哈佛大学开设的"哈佛大学公开课：幸福课"意外成了"网红课"，无数人希望从中汲取养分，获得幸福人生。

人们对于"幸福"的追求趋之若鹜。但别急，让我们先聊聊到底什么才是"幸福"。

在现实世界中，我们很容易用金钱来衡量一个人的成败得失，并将幸福和金钱等同起来，似乎有钱就会更幸福。一方面，财富的多少是显性的、可以量化的。有了这个衡量指标，很容易判断一个人比另一个更富有，而一个更富有的人往往会得到更多人的羡慕，似乎就理所当然地更幸福。另一方面，在现代社会，金钱可以换来丰衣足食，相比于物质贫瘠时的捉襟见肘，物质的丰富的确让我们的生活更自在、更舒适。

但是，金钱与幸福的关系只在较为贫困的时候才比较明显。当财富累积到一定程度后，幸福就和财富无关或者没那么相关了。美国南加州大学经济学教授理查德·伊斯特林（Richard Easterlin）在其1974年的著作《经济增长可以在多大程度上提高人们的快乐》中写道，通常在一个国家内，富人报告的平均幸福和快乐水平高于穷人，但如果在不同国家间比较，穷国的幸福水平与富国几乎一样高。国家经济的发展并没有带来国民平均幸福感的提升。这个著名的"伊斯特林悖论"（也称为

"幸福悖论"）让很多人倍感诧异。

在过去的几十年中，科技高速发展，经济持续增长，无论是衣食住行，还是医疗健康，都有了质的飞跃。但事实上，生活水平的提高与幸福感的获得并不成正比。在物质得到极大丰富的同时，我们并没有感到更幸福，相反，更多人感到了焦虑。根据世卫组织的估计[①]，从2005 年至 2015 年，抑郁症患者增加了 18% 以上，截至2023 年，全球有 3.8% 的人口患有抑郁症。其中成人患病率达到 5%（男性 4%，女性 6%）。由此可见，幸福不等于金钱。物质条件最多只是幸福的一个前提条件。在丰衣足食之外，一定有一些更高阶、更精神层面的东西才能构成幸福。

另一个普遍的认知是将幸福和快乐等同起来。现代人的快乐唾手可得。完成某个特定事件，就可以得到即时满足，比如看一场演唱会、享用一顿美食。秋天里的一杯奶茶，冬天里的一场雪，都会让我们感受到快乐。但这种快乐往往稍纵即逝，短的以秒计，长的以天算，很快又恢复到原来的状态。并且随着快乐发生的频次逐

---

① 可参见 https://www.who.int/news-room/fact-sheets/detail/depression。

渐增多，我们从中感受到的愉悦感逐渐减弱，持续时间也逐渐变短。小确幸越来越小，也越来越不确定。由此可见，快乐更多是一种受到外部刺激后的短暂的、脉冲式的愉悦感。但是外部的刺激必然是不稳定、不可控且短暂的。而我们所追寻的幸福是一种更长久、更稳定、内核更强的东西。

在笔者看来，幸福首先是一种主观的、内在的感知，是非常个性化的。什么是美好，什么是有价值，都是由自己来定义，而不是由他人来评判的。其次，虽然物质条件是基础，但幸福不仅仅是衣食足和仓廪实，更需要精神层面的充实与富足。这一方面涉及个体价值的实现，另一方面也关乎个体对他人的价值。再者，追寻幸福一定是一个道阻且长的过程。我们以何种态度去面对，决定了我们是否能真正抵达幸福的彼岸。

MAGIC 幸福模型五要素

既然我们已经知道了幸福是什么，那接下来就要正式开启幸福的寻觅之路了。MAGIC 幸福模型有五个核心要素，旨在帮助我们从五个维度重新审视生活。现代人常常深陷各种负面情绪且不知所措。但事实上，没有

图 5.1　MAGIC 树

任何一件事、一种情绪是凭空而起的。以现代人经常发生的迷茫为例，通常都是因为人生没有目标，或者有了目标却不知如何达成。无论是哪一种原因，MAGIC 模型作为一套切实可行的方法论，可以帮助我们找到隐藏在"迷茫"背后的原因以及相应的解法。通过将生活中的主次、优先排出来，并以此为标准分配好时间和精力，最终实现幸福人生的终极目标。

1. 正念（mindfulness）

正念是 MAGIC 模型的基石底座。

幸福是一种主观的感受。其核心是"自己"，出发点是"当下内心的感受"。觉察当下真实的自己，是幸福的起点。保持正念，觉察当下，安住当下，是幸福人生的前提。

2012 年，澳大利亚一名从事临终关怀的护工布朗妮·韦尔（Bronnie Ware）写了一本书，名为《临终前最后悔的五件事》。根据她多年陪伴病人走完人生最后几周的经历，她发现，临近生命终点，人们后悔的事情有着惊人的相似性。最常见的包括：

（1）如果人生可以重来，我希望我能够有勇气为自己的梦想和志向而活，活出自己想要的人生，而不是总是活在别人的期望里。

（2）我多希望我当初工作没那么拼命。

（3）我希望自己能更真实和勇敢地表达自己的感受和想法。

（4）我多希望我过去能和很多老朋友们保持联系。

（5）我多希望我过去能让自己更加快乐和幸福。

临终之人的"其言也善"，发人深思。人生最后悔的不是没有赚到足够的钱，也不是工作不够努力等外部评价。当生命走到尽头，很多人意识到功名利禄都是身外之物，真正的身内之物是"心"。人生最重要的是成为"自己"，是践行"真实的自己"。

明代大哲学家王阳明在龙场悟道，提出了"圣人之道，吾性自足，不假外求"的核心思想。在多年潜心研究后，他发现，其实我们每个人的内心早已经具备了成为圣人所需的一切智慧，与其向外界探求，不如关注内在的力量。当我们用心去感知、去培育内心的智慧，就能让它生根发芽、茁壮成长。

但在现实中，为什么我们对自足的本性视而不见，或者总要等到生命尽头才幡然醒悟？这其中可能存在三个问题。

　　首先，我们很容易被自己的情绪和外在的观点蒙蔽内在的觉知。"我们不是先看见再定义，而是先定义再看见。"人生虽然没有标准答案，却有很多被定义的价值观。

　　例如，年轻人应该"内卷"还是"躺平"？当我们无法看清自己真实的内心，误以为生活只有这两种选择时，便会陷入迷茫，"卷"又"卷"不动、"躺"又"躺"不平，反反复复"仰卧起坐"，陷入内耗。

　　在别人的价值观下，我们只能被动地成为别人眼中的自己，而忽略内在的觉知。所以，我们到底要什么，想成为什么样的人，都是需要摒弃外部强加的价值观，而遵循自己的心去发现的。每个人都有一个独一无二的幸福函数。只有当外在的价值观和内在的真我趋于一致时，我们才能感到幸福。而正念正是通过提升专注力去照见内心真实的需求，先看见，再定义。人生本无意义，要自己去寻找意义。

　　其次，自己的主观意识也有可能欺骗自己。很多时候，我们不是活在客观世界里，而是活在自我臆想的世界里。而一旦有了先入为主的定义，就无法看到事物的全貌。根据弗洛伊德的精神分析理论，你的所见所闻，或者你对某件事的感受，其实都是你主观的投射和缩影。把既有的经验和观点投射在你所见的事物上，就成了有失偏颇的非客观世界。因此，我们常常会陷入某种思维或情绪死角。此时，正念训练可以帮助我们优化思维模式，减少自动化思维和习惯化反应。通过停下来、觉察当前的经验，并以一种友善的方式观察当下的真实体验，而不是被主观臆想牵引。

最后，用眼睛"看到"不等于用心"看见"。罗丹曾说过："生活中不是缺少美，而是缺少发现美的眼睛。"事实上，你有多久没有认真地吃过一顿饭，去细细咀嚼每一粒米在口腔里散发的味道？你又有多少时间步履匆匆，而忽视了微风拂面的愉悦感？如果不用心观察，我们的眼睛就会忽视很多已知的美好，我们的心就会被其他事情占据。此时，无论是饕餮大餐还是精彩旅行，抑或是守在身边的爱人、温暖的家，都不会让我们感到满足。这也是为什么财富的增加没有带来同等的幸福提升。我们常常会忽视已经拥有的美好，而去追逐不属于我们的繁华。但如果我们能静下心来，用心去看见、去感知，即使是一些简单的小事情，也会让我们拥有非凡的体验。

正念，是能够帮助我们解决上述三个问题的解药之一。通过培养对当前经验的非评判性意识，即在当下时刻，以开放和接受的态度去观察自己的想法、情绪和身体感受。尤其是当外界环境影响我们，导致心念飘移的时候，尽力对此保持觉察，并尽量温和地把注意力重新导向那个瞬间、此时此刻正在展开的生命中，重新导向对我们来说最显著、最重要的事情。

无论是投资还是人生，不予评判地专注当下永远是最重要的。我们的生命在一个又一个当下中展开。当下是未来的起点，而未来又是当下的终点。每一个当下的"因"都对应着每一个未来的"果"。因此，我们需要专注当下，去看到自己本来的样子。而看到了本来的样子，才有可能成为未来想要成为的样子。幸福的人生，一定是基于"当下的我"而存在的。生活中每个看似无解的困境，背后都有未被察觉的原因。因此，当我们陷入某种不知所因的情绪中时，第一步就是让自己静下来，用正念的方法集中注意力，去观察当下的每一个念头，去感知内心最深处的想法。此时，不要去定义任何的情绪，也不要对自己的情绪作任何主观评判。在没有压力和约束的情况下，情绪背后的原因自然就会显现出来。

实际上，提升幸福感的良方就在我们的心中。"本自具足，莫向外求，反求诸己，有求皆苦。"越向外求，越不知足；越向内求，越充盈。经常且持续地保持正念、专注当下，可以让我们重新审视这个世界。当我们用心去观察周边的事物，用心去体会每一件习以为常的事物，一切都会呈现不一样的生机，所有的平凡都会变得不平凡。

2. 利他（altruism）

平凡和伟大之间，隔着利他的力量。

有一个广为流传的寓言和利他有关。在地狱里，一群人围坐在一张摆着很多美食的桌子旁，但他们用的勺子比手臂长，因此无法给自己喂食，只能饥肠辘辘地干着急。而在天堂里，面对同样的食物和同样的勺子，他们选择互相喂着吃，因此每个人都可以享受到美食。同样的境遇，出于不同的选择，得到了截然相反的结果。眼里只有自己，对他人视而不见，最终只能自生自灭。而出于利他的出发点，却容易形成利人利己的双赢局面。

根据《现代汉语词典》的定义，利他是指"给予他人方便和利益而不图回报，现泛指使他人有利，尊重他人利益"。也许有读者会提出异议：我们为什么不能独立存在，而必须与他人建立联系？即使需要和他人有关联，为什么需要"利他"，而不是"利己"？

先回答第一个问题：人为什么必须与他人建立联系？人类天生就是社会性动物。在现实中，没有一个人能脱离他人而独立存在。无论是出于远古的生存压力，需要群居提高存活率，还是出于情感需要，需要通过社会互动形成交集，抑或出于归属感的需要，需要成为某个社会化团体的一分子，世界上所有的科技文明、语言体系都是基于社会性而存在的。甚至当我们谈论孤独时，也是基于和他人的关系。如果世界上只有一个人，也就没有孤独一说了。每一个看似独立的人，从呱呱坠地的那一刻起，就无时无刻不与他人形成某种关系，并成为某个团体的一分子。他是某个人的孩子，未来也会是某个人的父亲。他会和同龄人成为同学，也会踏上社会，成为某个公司的一员。即使最终他选择遗世独立，衣食住行也不会凭空而有，亦需要和他人做交换。而他所有的生存技能更是基于社会化的学习积累而形成。因此，人的社会属性决定了个体必须与他人建立联系。

接着，再来回答第二个问题：为什么要"利他"？每一个独立的个体，在社会活动的交互下，构成一个更大的整体。我们用何种方式去处理个体与整体的关系，反过来又决定了个体的和整体的生存空间和未来进程。正如组织行为学家玛格丽特·惠特利（Margaret Wheatley）在其一篇名为《这是一个相互关联的世界》的文章中所写："我相信，我们的生存发展取决于我们能否成为更好的系统性思考者。"

从"理性人"的角度看，"利己"似乎更合乎情理，更符合人性。但人的社会属性决定了个体持续的价值感建立在对他人、对社会产生价值的基础上。当个体选择了"利他"的策略，社会整体就会向更优化的方向演变，最终使个体境遇得到改善。因此，"利他"实际上是一种更高明的策略。

我们以著名的囚徒困境为例。两个犯罪同伙被关入监狱，但双方无法互相沟通，只能基于现实情况各自做出选择。此时，如果两个人都不揭发对方，那么由于证据不确定，每个人都坐牢一年；如果其中一人揭发，而另一人选择沉默，则揭发者因为立功而立即获释，沉默者因不合作而入狱十年；若互相揭发，则因证据确凿，二者都被判刑八年。出于利己的原因，两个囚徒都倾向于背叛对方，而不是共同保持沉默。但最终两人都得到比合作更差的结果。虽然从"理性人"的角度来看，"利他"似乎并不是一个最佳选择，但如果个体一味追求自身利益最大化，结果可能导致整体利益最小化。

但是，当囚徒困境的博弈从单次变为多次，结果就会很不一样。密歇根大学政治学与公共政策教授罗伯特·阿克塞尔罗德（Robert Axelrod）在其著作《合作的进化》中，探索了重复的囚徒困境。在该情境下，博弈被反复进行。参与者不仅需要考虑当前的决策，还需要斟酌当前的决策如何影响未来的博弈。这和现实世界也更接近。作为社会化的一员，我们的每一个行为决策都会对自己和他人产生后果，而这个后果反过来又会影响我们的决策，正所谓"牵一发而动全身"。在多次博弈下，每个参与者都有机会去"惩罚"另一个参与者前一回合的不合作行为。前期欺骗的动机此时可能会被惩罚的威胁所替代。受到社会规则的约束，合作可能会作为平衡的结果出现，从而促成一个更好的、合作的结果。多次反复下，从互相背叛趋向于互相忠诚，从个体最优走向整体最优。

当然，正如囚徒困境的例子一样，短期的"利他"成效很难立竿见影。我们需要长期地、日复一日地践行，才能最终让"利他"的价值真正展现。在现实生活中，企业追求利润，个人追求名利，这些都是社会进步不可或缺的动力，无可厚非。但利润和名利是"果"，而不是"因"。企业为社会创造了价值，个人的存在让身边的人变得更好，才是"果"背后的"因"。我们更应该专注在"因"上，在"因"上努力奋斗。"利他"和"利己"是一对相互影响、相互成就的关系。

我们并非建议大家在食不果腹的情况下，仍然毫无保留地去帮助他人。真正的"利他"是在个体利益与整体利益之间找到平衡，从而形成个体到整体，再回到个体的正反馈。利他帮助我们与外界建立更高层次的连接，构建持续的正向影响力，是实现自我价值的关键。当我们抱利他之心，行利他之事，命运的齿轮就会向更好的方向前进。事实上，身为社会的一员，一切成功和幸福，都可以归结于利他之心。

3. 生长（growth）

MAGIC 模型的第三个关键要素是生长。生长预示着自我的成长和个人意义的实现，而后者又与幸福感息息相关。在前一部分中，我们讲述了在社会群体的范畴内，人的价值取决于和他人的关系。而在这一部分，我们将着眼于个体价值的实现，也就是关于成长的话题，并着重讨论成长的必要性、成长路径的选择以及相对应的幸福层级的差异。

乔布斯在 20 岁左右时创立了苹果公司，并在接下来的 10 年中，将公司从无到有变成了一个拥有 4000 名员工、价值达到 20 亿美元的企业。但在同一年，他因为与合伙人就公司的前景出现分歧，而被踢出了局。这种打击在当时看来的确是毁灭性的。但是他并没放弃。从 1985 年离开苹果到 1997 年重回苹果的这 12 年里，他创立了两家公司：计算机公司 NeXT 和动画公司皮克斯。这两家公司的发展同样并非一帆风顺，但也正是在风浪中的不断打磨和历练中，才有了若干年后，重新站在事业巅峰的乔布斯。他说："事实证明，我被苹果公司解雇是我这一生所经历过的最棒的事情。事业成功所伴随的那种沉重不见了，取而代之的是重回起跑线的那种新手的轻盈。每件事情都不再那么确定，我获得了解放，进而开始了我一生中最富有创造力的时期。"

美国前总统奥巴马曾经评价乔布斯是"美国最伟大的创新领袖之一"。很多人认为他是一个与生俱来的天才。但事实上，天才也需要经历蜕变，才能从年少轻狂成长为真正的创新领袖。

对于普通人来说，即使无法取得如此辉煌的成就，在追寻幸福人生的道路上，成长同样是一个至关重要的话题。它是"当下的我"与未来"理想中的我"的桥梁。

从人体的生理结构看，我们的身体一直在"推陈出新"。旧的细胞老去，新的细胞又长出来。生物学界甚至一度有种说法，每隔七年我们就会拥有一个全新的身体。但与身体的新陈代谢相对应地，决定我们个体意识的大脑神经元，基本不会有变化。甚至在20多岁的时候神经元就开始老化。这也是为什么很多人"未老先衰"，正值当年，却失去了对世界的好奇心以及探索新事物的欲望。但此时，我们的生命旅程刚刚开启，如果就此陷入"无欲无求"的状态，岂不是浪费了大好年华？

根据相关科学研究，神经元的老化虽然不可逆，但是老化的速度却可以通过有意识的成长去延缓，包括勇敢尝试新事物、适应新环境、接受新任务、结识新朋友等。当我们不断挑战新事物，促使自己不断成长之时，神经元也就衰老得越来越慢。因此，从生理结构看，成长是一个必需项。

如果个体的成长是必需项，那我们应该选择何种成长路径，并最终达到何种幸福目标？现实生活中，很多人对多巴胺带来的即时快乐趋之若鹜，但对需要长期坚持的内啡肽带来的延迟满足却望而却步。实际上，多巴胺的快乐稍纵即逝，而内啡肽的满足却经久不息。选择浅显短暂而不需要付出任何代价的快乐，还是追求深刻持久而要为之煎熬的幸福？这是关于成长的第二个维度。通常来说，学习新知识、结识新朋友、挑战新环境，在某个程度上都是对现有生活的打破，破旧立新的过程通常伴随着痛苦和煎熬。但是痛苦最终会让我们茁壮成长，攀上更高的台阶，看到更壮观的风景。

著名的哲学家苏格拉底曾经的一个比喻带出了一个经典的问题：宁愿做痛苦的哲学家，还是做快乐的猪？哲学家追求深刻的思考，试图通过理性来解释世界和人类存在的意义。但是"人类一思考，上帝就发笑"，这种宏大的问题并不容易回答。我是谁？我从哪里来？我到哪里去？这些问题在千百年里困扰着无数"聪明人"。因此，追求真理的过程必然伴随着巨大的痛苦和困惑。而做一头快乐的猪则简单很多。传统的享乐主义将幸福定义为没有任何痛苦、纯粹的快乐状态。这本质上就是

"快乐的猪"的写照，无需多思，每天吃饱喝足，就能获得单纯的满足。

但事实是，哲学家所拥有的深度思考能力，会促使其成长并带来更高级的幸福感。而"快乐的猪"只会在吃饱喝足的浅薄中日复一日。两者因为目标不同，最终获得的幸福感也大相径庭。因此，想要更明显的成长、更持久的和更高层次的幸福就需要付出相应的代价。在向下扎根的过程中要学会接受随之而来的煎熬。只有这样，才能吸收能量，最终破土而出、向上伸展。

痛苦是成长的代价。对哲学家而言，他之所以感到痛苦，不是因为思考本身，而是因为他仍在求索真理的道路上。常人眼里痛苦难捱的思考过程，只是到达幸福彼岸的必要代价。米开朗基罗花了四年多时间躺在架子上艰难地完成了西斯廷教堂的天顶画，他难道不痛苦吗？但他后悔创作这幅传世之作吗？而旁人又有谁不为之赞叹并且想和他一样能够有机会名垂千史呢？事实上，每个人都渴望创造永恒的作品，但创造过程中短暂的痛苦却令人望而却步。现实中，没有人会因为蹒跚学步的孩子可能会摔倒而阻止孩子学习走路。同样，在追寻幸福的道路上，我们也不应该因为可能的艰辛而放弃成长的机会。如果人生目标只是消除痛苦，那进行大脑前额叶切除手术或许更有效。

事实上，当你追求的是突破自我、向上伸展的豁然开朗，那些所谓的痛苦也会自动降维。在一个更高阶的人生框架内，痛苦和快乐有着完全不一样的诠释。我们所看到的、感知到的也截然不同。对于苏格拉底而言，他要的是更高阶的自我价值，因此选择做痛苦的哲学家并没有让他备受煎熬，相反让他的人生更有意义，继而获取到持久的、高质量的幸福。而如果做一头"快乐的猪"，才是真正的水深火热。

4. 意义（intention）

人生是充满不确定性的。面对不确定的人生，意义就是牵引我们向前进的"锚"。没有意义的人生就如同浮萍般随风飘摇。没有人想在浑浑噩噩中度过一生。那么此时此刻，就要努力去找寻人生意义并付诸实践。由此，我们将开启 MAGIC 幸福模型的第四个要素：意义。

但是，人生的意义是什么？我们又该如何应对？这些根本性的问题，或许因为太过宏大，我们往往视而不见；又或许因为深陷日常的琐碎，而无法遵循内心的选择。

作为古希腊神话中的人物，西西弗斯因为挑战神明的权威而受到惩罚，被迫将一块巨石推上山顶。但由于巨石太重，每当他快要成功时，巨石又会滚落山脚，他不得不重新开始徒劳的劳作。这种周而复始的动作的确令人沮丧，西西弗斯的生命就耗尽在这样一件无效又无望的劳作当中。

很多人在西西弗斯身上看到了自己的影子。每天上班下班、吃饭睡觉，日复一日，永无止境。他们也由此认为生命是虚无的。

但是，虚无中也存在着意义。荒诞哲学的代表人物加缪认为，世界的本质是荒谬的。但正因为世界充满荒谬，我们才需要奋起反抗，通过反抗去创造并实现个人的意义。西西弗斯虽然陷于无止境且无意义的轮回中，但是他没有消极地应对，反而积极地与之抗争。深陷命运的悲怆，我们有时候的确无法改变命运的走向，但是我们可以选择如何应对，并赋予其意义。每天和石头较量就是人生意义本身。"推石上山顶这场搏斗本身，就足以充实一颗人心。"

由此可见，人生的意义不是来自被动的命运，而是来自个体的主动选择。罗曼·罗兰说："世界上只有一种真正的英雄主义，就是认清了生活的真相后依然热爱它。"

那么对于普通人而言，深陷日常的琐碎，又该如何找到属于自己的人生意义呢？普适的观点认为，找到自己热爱的、符合自己价值观的且擅长的，就是人生意义所在。当一个人发自肺腑地热爱某件事，全心全意相信这是有价值的，而自己恰好又擅长将其发扬光大，并最终得到外界认可的时候，人生意义会自然浮现。当然，对某件事的热爱可能是先天的，也可能是后天培养的，都需要去感知、去发现。而价值观本身也要经得起时间的考验，"千磨万击还坚劲"，仍然坚守的初心才是内心真正遵从的价值观。从擅长这个角度看，每个人生来都具有某种天赋，但很多时候因为未被发觉而被误认为平庸。而天赋要发展成真正的优势也不是顺理成章的，需要付诸努力。因此，人生的意义虽然路径明确，但却不是轻易可得，需要我们用心去觉察，去争取。

而在其他情况下，这三者并没有交集。但这并不代表人生没有意义。扪心自问：什么事驱使你每天早起？什么事能让你心潮澎湃？什么事又让你热泪盈眶？伟大的人致力于改变世界，但对普通人来说，认真养育一个孩子，读书、旅行，甚至照顾小动物，都可以是人生意义。

找到热爱的和符合自己价值观的，相比于所擅长的，是更为重要的。只有热爱，才有动力去培养能力和优势。此时，处于"知行合一"的自己也会更自洽，更生机勃勃。

甚至，在某些更糟的情况下，命运残忍地将我们所热爱的、擅长的和有价值的全都摧毁了。但即使这样，人生也可以有意义。《活出生命的意义》一书的作者维克多·弗兰克尔因为犹太人的身份，在奥斯维辛等多个集中营受到了非常残酷的对待。眼睁睁看着身边的同伴一一离开这个世界，甚至自己也时刻面临着死亡的威胁，这种绝望叠加集中营生活的屈辱感和被剥夺感，导致集中营中的几乎每个人都动过自杀的念头。但是，深陷于"地狱模式"的人生，在他看来，仍然是有意义的。

弗兰克尔写道："但人最终是自主决定的。他现在成为什么——在天赋与环境的限度内——都是自主决定的结果。""苦难不一定是追寻意义所必需的，但尽管有苦难，生命仍然可能有意义。"

正如我们在前文中所论述的，人生具有随机性。在"不可知论"的生命框架里，很多时候，我们是被动接受生命的安排，有时甚至是非常严苛和残酷的安排，而不是随心所欲、主动选择人生的走向。因此，人生的意义更多来自如何应对"被动的命运安排"。即使是和弗兰克尔一样处于水深火热，或者是同西西弗斯一般深陷虚无，人生也可以是有意义的。现实中，我们无法选择人生剧本，有时候也会深陷某种不可避免的苦难。如果我们就此自暴自弃，那就是向命运屈服。但如果我们有勇气采取某种态度去应对痛苦，那么在与苦难做斗争的过程中同样可以找到人生意义。人的潜力常常被忽视，在某些看似绝望的境地，面对无可改变的厄运，我们奋力一击，就有可能力挽狂澜，将个人的灾难转化为胜利。而这种置之死地而后生，将个人的厄运转化为人类之成就，是另一种更深刻的人生意义。

综上，人生意义不一定是形而上的，也不是泛泛而谈的，而是有具体的事物作为基础，也有真实的情感作为支撑的。但是事情本身不是意义，情绪本身也不是意义，而是要通过具体的事情、真实的情感去感知生命的意义。尼采曾经说过："知道为什么而活的人，便能生存。"即使是面对痛苦，当我们做好了承受痛苦的准备并能勇敢应对时，痛苦也就有了意义。人需要做的，不是像某些存在主义哲学家所教导的那样去忍受生命的无意义，而是在看似无意义的人生中，找到合理的应对方式去实现生命意义。

5. 勇气（courage）

MAGIC 幸福模型的第五个要素是勇气。"知者行之始，行者知之成。"要将幸福的认知落实到现实生活中，并不是一件容易的事情。无论是保持正念、不加评判地接纳当下，还是选择利他、牺牲短期的"安全感"，抑或是放弃轻松惬意、选择以痛苦为代价的成长，又或是遵循内心、追寻生活的意义，都是知易行难的事情。因此，我们需要勇气在正确的道路上走下去。现实中，勇气不仅表现为"一夫当关，万夫莫开"的勇猛精进，也体现为面对失败时的从容不迫，追求真理时的坚持己见。

公元前 399 年，人类历史上发生了一次有名的死亡判决。70 岁的苏格拉底，因为热爱真理被告上法庭。在最终的生死抉择中，苏格拉底没有选择逃亡，而是慷慨就义，毅然决然接受了雅典的判决。他说："我并不后悔进行申辩。我宁愿死于自己所信仰的辩护方式，也不愿按你们的方式继续苟活。"此时的苏格拉底，坦然面对死亡，脱离了对死亡的恐惧，以一种非凡的勇气应对命运的不公。而他的勇气正是来源于他的信仰，来源于他对真理的追求。

面对纷繁复杂的人生，我们可能做不到苏格拉底这样视死如归。但是，正如人生有很多种可能性，勇气也有很多种表现形式。

首先，勇气表现在用开放的心态去拥抱不确定性。和投资一样，人生起起伏伏，变幻莫测，不确定性始终贯穿其中。所谓天有不测风云，即使我们做好了万全的准备，也常常遭遇措手不及。出于对风险的厌恶，我们更希望有一个可预测、可掌控的人生。因此，不确定性常常被看作一个贬义词，同"意外"等同起来。但实际上，不确定性本身是中性的。变化不一定是从好到坏，也有可能从坏到好，甚至从好到更好。在某些看似无解的困境中，不确定性可能意味着转机，关键在于我们用何种心态去面对。既然无法改变，那就坦然接受。放下恐惧，用开放的心态去拥抱未知。

其次，勇气也意味着允许一切如其所是，而非如"我"所愿。人生不如意事十之八九，当人生轨迹偏离预想的轨道，我们很容易感到焦虑和恐惧。此时此刻，勇气是最佳的良方。我们无法改变已经发生的事情，也难以准确预测未来会发生什么。但我们可以选择如何面对人生的无常。允许一切如其所是，并不意味着消极和不精进。恰恰相反，鲁迅说："真的猛士，敢于直面惨淡的人生，敢于正视淋漓的鲜血。"尼采说："那些杀不死我的，使我更强大。"当我们笑看风云，有勇气去接受"非我所想、非我所愿"的外界时，无常也就不足为惧了。勇气让我们从失败中站起来，从挫折中汲取力量，不断超越自我，成为更好的自己。"允许一切如其所是"，也同样适用于好的结果。坦然接纳，才能免于乐极生悲，被情绪劫持。

最后，勇气也意味着坚持难而正确的事情，遵循内心，仰望星空。就如同在生命最后也安之若素的苏格拉底一样，既要"有为有不为"，又要"知其不可为而为之"。世界上的很多事情看上去是有"捷径"的。踏实做基本面研究的价值投资派，有时候业绩比不过炒作内幕交易的。坚持要子子孙孙移山的愚公似乎也不如隔壁直接搬家的智叟。

坚持难而正确的事情，的确是逆人性的，注定只有少数人能做到，毕竟通往真理的道路往往是孤独而艰险的。然而，人生路上的每一步，都不白走。在踽踽而行的过程中，我们也逐渐建立起了自己的"护城河"，并最终形成自己的优势。价值投资派更容易享受到复利效应，愚公的大智若愚也传承了千百年。在坚守的过程中，曾经的"难"已经不复存在。即使山还是那座山，却也早已是看山不是山。个人境界升维，困难和挫折降维。因此，勇气不仅仅表现为面对困难时的坚持和奋勇向前进，更表现为面对诱惑时的不为所动。

世界著名女性日记小说家阿娜伊斯·宁（Anaïs Nin）曾经说过："生命因你的勇气而贫瘠或丰富。"生命的价值不仅仅是以时间长度作为衡量标准，更在于生命的深度。所谓"一刹那就是永恒"，时间是客观存在的，但是在有限的时间里获得的生命感知和体验则是可以由自己来主导的。如果一直固守在自己的"安全区域"，那么每一天都是对过去的重复，活得再长也是原地踏步。但如果有勇气打破安全边界，去尝试新的事物，那么就会有全新的感知和体验，生命也会呈现出更丰富的内容。

孔子云："智者不惑，仁者不忧，勇者不惧。"人生是一个没有标准答案的旅程。更多时候，追随大多数人的步伐是阻力最小、最安全的方式。但是，成为别人的代价就是不能成为自己。而要做自己，必然需要有勇气。怀揣无惧勇气，直面真实自我，拥抱人生的每一刻，待到春花烂漫时，自然会得到勇气的嘉奖。

写在最后

投资是一场修行。

在 30 年的从业经历中，我看见过太多人，有些甚至是专业投资人士，在投资的过程中被情绪所影响，继而做出了非理性投资决策。轻则伤害投资业绩，重则影响人生幸福，令人遗憾。

格雷厄姆曾经说过："投资者的最大敌人不是股票市场，而是他自己。"随着科技的蓬勃发展，尤其是 AI 时代的到来，信息"触手可及"，不仅内容丰富，而且传播的速度越来越快。一方面，"信息平权"打破了信息垄断，每个人理论上都可以"博观而约取"，做出理性的选择。但另一方面，噪音也日渐增多，我们很容易被影响、被诱惑，甚至被欺骗，从而在情绪的作用下迷失自我。

其实，无论是投资，还是人生，本质上都是关乎自我的旅程。真正的智慧始于对自我的深度觉察，将本自具足的完整性展现出来。

亲爱的读者，

保持正念，选择利他，向上生长，追寻意义，坚守勇气。

当你茫然无措时，愿 MAGIC 帮助你照见内心、寻找意义；

当你心烦意乱时，愿 MAGIC 帮助你权衡取舍、重构秩序；

当你事与愿违时，愿 MAGIC 帮助你重拾勇气、从容接纳。

祝福你，坚持正念投资，收获正念人生。

更好地做自己，奔赴属于自己的星辰大海，让独一无二的生命绚烂绽放！

参考书目

凌鹏：《周期、估值与人性》，中信出版社 2023 年版。

燕翔等：《美股 70 年：1948 ～ 2018 年美国股市行情复盘》，经济科学出版社 2020 年版。

［美］盖瑞·戴顿：《股票深度交易心理学》，中国青年出版社 2020 年版。

［美］格里高利·祖克曼：《史上最伟大的交易》，中国人民大学出版社 2018 年版。

［美］乔恩·卡巴金：《正念：此刻是一枝花》，机械工业出版社 2021 年版。

［美］乔恩·卡巴金：《多舛的生命：正念疗愈帮你抚平压力、疼痛和创伤（原书第 2 版）》，机械工业出版社 2022 年版。

［美］维克多·弗兰克尔：《活出生命的意义》，华夏出版社 2018 年版。

［美］滋维·博迪、亚历克斯·凯恩、艾伦·J. 马库斯：《投资学（原书第 10 版）》，机械工业出版社 2017 年版。

图书在版编目(CIP)数据

定力 : 正念投资, 正念人生 / 杨峻著. -- 上海 :
格致出版社 : 上海人民出版社, 2025. -- ISBN 978 - 7
- 5432 - 3663 - 9

Ⅰ. F830.59

中国国家版本馆 CIP 数据核字第 2025YX4334 号

责任编辑　程筠函
封面装帧　仙境设计

定力:正念投资,正念人生

杨峻 著

出　　版	格致出版社	
	上海人员大版社	
	(201101　上海市闵行区号景路 159 弄 C 座)	
发　　行	上海人民出版社发行中心	
印　　刷	上海盛通时代印刷有限公司	
开　　本	787×1092　1/32	
印　　张	7.5	
插　　页	5	
字　　数	111,000	
版　　次	2025 年 4 月第 1 版	
印　　次	2025 年 4 月第 1 次印刷	

ISBN 978 - 7 - 5432 - 3663 - 9/F · 1625
定　　价　　75.00 元